MW01707261

Recettes
FACILES

• Marabout Chef •

Sommaire

Voici un livre dédié à toutes celles et à tous ceux pour qui cuisiner vire souvent au cauchemar. Qu'il s'agisse de préparer un repas pour des amis ou, plus simplement, de faire à manger pour toute la famille, voici des recettes simples et délicieuses, bourrées d'astuces, pour réussir à coup sûr des œufs brouillés ou un authentique osso bucco…

Avant de commencer…

La cuisine, ce n'est ni difficile ni très mystérieux. Avec un peu d'expérience, vous arriverez vite à maîtriser cet art, et vous vous sentirez à l'aise aux fourneaux. Voici quelques principes de base qui répondront à vos pourquoi, comment et autres questions culinaires à propos des recettes « pour débutants ». Également pour vous aider, des photos techniques précises et notre glossaire en fin d'ouvrage. Avec *La cuisine des débutants*, vous allez découvrir que cuisiner, pour vous, pour votre famille ou pour des amis, est non seulement plus économique et plus sain que d'acheter des plats tout préparés, mais également plus créatif, plus intéressant, plus satisfaisant… et finalement très amusant.

La première chose à faire avant de commencer une recette, c'est de la lire d'un bout à l'autre pour vous assurer que vous disposez de tous les ingrédients ; avant de vous lancer, il faut également que vous sachiez si vous avez besoin de faire mariner la préparation toute une nuit, ou si une des étapes doit être réalisée à l'avance. La voie du succès culinaire passe par une compréhension parfaite de la recette !

Utilisez des ingrédients authentiques

Dénichez vos ingrédients dans les magasins d'alimentation des différents pays ; vous avez sans doute appris à aimer les plats exotiques en les goûtant dans des restaurants ou peut-être, si vous avez de la chance, dans le pays même, cuisinés bien sûr avec les ingrédients du cru. Utilisez le plus possible des produits frais, de qualité. Ne faites pas le mauvais calcul de vouloir faire des économies sur la matière première et souvenez-vous qu'en cuisine, la valeur ajoutée d'un plat maison est fabuleuse, à condition que les ingrédients de départ le soient aussi !

Apprenez le wok

Le wok est l'instrument de cuisson idéal pour les légumes et de nombreux plats de viande ou de poisson, puisqu'il permet de faire revenir les ingrédients en un minimum de temps.
Si vous avez un wok en acier ou en fonte, vous devez « l'apprêter » (le préparer pour la cuisson) avant la première utilisation. Commencez par laver votre wok dans l'eau chaude savonneuse afin d'éliminer toute trace de graisse, puis séchez-le complètement. Faites-le chauffer à feu vif ; quand il est bien chaud, à l'aide de papier absorbant appliquez sur toute la surface intérieure l'équivalent d'une cuillerée à soupe d'huile de cuisine. Laissez encore chauffer 10 minutes en l'essuyant de temps à autre à l'aide d'un tampon propre de papier absorbant. Ce traitement provoque une grande quantité de fumée, puisqu'il consiste à faire brûler l'huile résiduelle ; portez des gants de cuisine pour tenir le wok et le papier avec lequel vous l'essuyez. Répétez toute l'opération deux fois de suite. Votre wok est maintenant prêt à être utilisé. Quand vous cuisinez dans le wok, vous n'avez pas besoin de le rincer ou de l'essuyer entre les ingrédients que vous faites cuire, tous contribuent à la saveur de la recette. Par contre, essuyez votre instrument avec du papier absorbant sec, une fois que vous avez fini un plat et que vous voulez passer au suivant.
Quand vous avez fini de cuisiner, nettoyez le wok à l'eau chaude et avec une éponge non abrasive ; évitez le liquide vaisselle pour ne pas « dissoudre » la surface « apprêtée » qui s'améliore à l'usage. Essuyez soigneusement le wok avant de le ranger ; la meilleure façon est de le faire chauffer à feu doux quelques instants. Mais attention, ne l'oubliez pas sur le feu !

Le vin dans la cuisine

Ne cuisinez jamais avec un vin « éventé » ou qui est resté ouvert depuis plusieurs jours. La règle de base pour choisir un vin qui servira à une marinade ou une sauce, c'est que si ce vin n'est pas assez bon pour être bu, il ne l'est pas non plus assez pour être cuisiné ! Les bons cuisiniers utilisent souvent le vin qu'ils servent ensuite en accompagnement du plat.
Si vous préférez ne pas utiliser de vin, remplacez-le par de l'eau, du bouillon, du jus de fruit, ou un autre alcool, suivant le cas.

Pourquoi les marinades ?

Non seulement les marinades donnent leur saveur à l'ingrédient qu'on y trempe, mais quand il s'agit de viande, elles l'attendrissent. Dans nos recettes, nous donnons toujours une fourchette de temps assez large, « 3 heures ou toute 1 nuit », mais le mieux, si vous le pouvez, c'est de faire mariner 24 heures ou presque, afin d'atteindre une saveur riche et complexe.

Goûtez avant d'assaisonner

C'est une règle de base, surtout si vous utilisez des bouillons ou des sauces toutes prêtes, contenant déjà beaucoup de sel. Goûtez toujours avant d'en rajouter. Nous n'avons jamais indiqué de quantité de sel dans nos recettes ; d'abord parce que c'est une affaire d'habitude et de goût personnels ; et puis, essayez sans sel, ou juste un tout petit peu, et vous serez surpris de découvrir à quel point les saveurs et les épices se révèlent !

Tout est dans le timing

Les temps de préparation et de cuisson indiqués au début de chaque recette sont là pour vous donner des repères. Nous avons compté large en temps de préparation, puisque, après tout, cet ouvrage est destiné aux débutants ; alors ne soyez pas surpris de mettre moins de temps… Nous espérons bien qu'avec un peu d'expérience, vous serez plus rapide que la recette ! Par contre, le temps de préparation ne prend pas en compte la lecture préalable de la recette, ni la recherche des ingrédients !

Connaissez votre matériel

Votre batterie de cuisine et vos appareils de cuisson ont une grande influence sur ce que vous cuisinez ; les temps de cuisson peuvent varier légèrement, suivant que vous utilisez un four électrique ou à gaz, et suivant la matière de vos plats de cuisson. En y prêtant attention, vous saurez vite comment fonctionne votre matériel de cuisine.

Présentation des ingrédients de base

Suivant la forme des pâtes, la sauce appropriée sera différente : la règle de base étant que plus les pâtes sont longues, plus la sauce sera liquide ; avec des pâtes courtes et trapues ou des creuses, les sauces épaisses à la viande ou aux légumes iront mieux.

Chaque type de pomme de terre demande une cuisson spécifique. Ainsi, les charlottes et les pommes de terre nouvelles sont parfaites en salade ; les rosevals font d'excellentes frites ; les patates douces, à chair orange, donnent une purée magnifique.

Les herbes aromatiques sont indispensables ; elles seules apporteront à vos plats cette touche authentique qui change tout. Vous cuisinez une sauce italienne ? Un peu de basilic ou d'origan le confirmeront. Un curry thaï ? N'oubliez pas la coriandre ou la citronnelle. La ciboulette, le persil et la menthe vous feront traverser les frontières culinaires de l'Europe, de l'Afrique du Nord et du Moyen-Orient.

Pas besoin d'être un Einstein de la cuisine pour savoir choisir l'herbe adéquate ou la bonne variété de pomme de terre… Il suffit d'un cuisinier subtil, qui sait regarder, curieux de tout et doté d'un peu de bon sens.

ROQUETTE

POUSSES D'ÉPINARDS

Le choix en matière de salades s'élargit de jour en jour sur les marchés et même dans les grandes surfaces. Essayez-les, et valsez parmi ces feuilles toutes délicieuses.

BLETTE

FRISÉE

Le piment donne non seulement… du piment, mais également une saveur particulière au plat, alors tentez le coup. Pour diminuer leur intensité, épépinez-les avant de vous en servir.

PIMENTS ROUGES

Les choux et légumes verts qui nous viennent d'Asie sont encore un peu difficiles à trouver chez nous, mais sans doute plus pour longtemps, puisqu'ils sont parfaits dans les préparations de légumes sautés auxquelles ils apportent une nouvelle fraîcheur, ainsi que dans l'accompagnement plus traditionnel des viandes.

Quelques techniques à connaître…

Mesure des ingrédients secs

Utilisez une balance, ou encore un assortiment de mesures que vous remplirez jusqu'à ras bord en enlevant l'excédent à l'aide d'une lame de couteau.

Ajouter des œufs

Cassez toujours les œufs un par un dans un petit bol : si l'un d'eux est mauvais, vous n'aurez pas à jeter toute votre préparation. Brisez doucement la coquille en tapant l'œuf froid sur le bord du bol, puis servez-vous de vos deux mains pour ouvrir la coquille.

Des œufs à la neige bien fermes

Utilisez toujours des instruments bien secs et sans trace de gras pour battre les blancs d'œufs, qui doivent être à température ambiante. Arrêtez-vous quand les blancs forment des petits pics ou quand vous pouvez retourner le bol sans que les blancs glissent.

Peler des poivrons

Coupez les poivrons en quatre dans le sens de la longueur enlevez les graines et la membrane intérieure. Faites griller au four, peau sur le dessus, à température assez forte, jusqu'à ce que la peau se boursoufle et noircisse ; recouvrez les morceaux d'un film plastique pendant 5 minutes, vous retirerez la peau aisément.

Préparation des asperges fraîches

Cassez la tige de l'asperge en la courbant à environ un tiers du pied, pour retirer la partie ligneuse. Les asperges blanches, ou les vertes un peu trop dures, se pèlent à l'épluche-légumes.

Peler des tomates

À l'aide d'un couteau, tracez une croix peu profonde sous chaque tomate. Placez les tomates dans un saladier et recouvrez-les d'eau bouillante. Après deux minutes, pelez les tomates en partant de la croix.

Éplucher de l'ail

Séparez les gousses d'ail, puis écrasez-les légèrement à l'aide d'un couteau à lame large et lourde : la peau se détachera toute seule. N'oubliez pas d'enlever le germe, peu digeste.

Émincer un oignon

Coupez l'oignon en deux en gardant la racine. À l'aide d'un couteau tranchant, découpez finement l'oignon dans le sens de la longueur d'abord, puis transversalement pour obtenir des petits carrés ; posez alors l'oignon sur une planche et émincez-le.

Les œufs

Ce qu'il faut savoir…

Pour écaler facilement des œufs durs, retirez-les de l'eau, roulez-les sur la table pour craqueler la coquille puis plongez-les dans l'eau froide. Cela arrête la cuisson et empêche le jaune de se décolorer.

Si vous devez utiliser des œufs crus dans une recette, par exemple dans une mayonnaise ou une sauce froide, renseignez-vous pour savoir s'il n'y a pas des cas de salmonelle dans votre région.

Plus l'œuf est frais, meilleur il est. Si vous avez le moindre doute, faites le test suivant : placez l'œuf dans un bol d'eau froide. L'eau doit recouvrir l'œuf. Si celui-ci coule, c'est qu'il est frais ; s'il flotte, jetez-le. N'utilisez jamais un œuf cru dont la coquille est craquelée.

Avant de les utiliser dans votre préparation, cassez les œufs un par un dans une tasse ou une soucoupe, pour vérifier leur fraîcheur. Ainsi, vous ne gâcherez pas toute votre recette pour un œuf trop vieux.

Dans une petite casserole, les œufs ne s'entrechoquent pas.

Œufs durs

CUISSON 5-15 MINUTES

4 œufs

1 Choisissez une casserole dans laquelle les œufs sont serrés les uns contre les autres ; ainsi, ils ne se craquelleront pas dans l'eau bouillante. Versez assez d'eau froide pour recouvrir les œufs.

2 Mettez la casserole, couverte, sur le feu ; quand l'eau bout, retirez le couvercle mais veillez à ce que l'eau continue à bouillir. Le temps de cuisson des œufs durs est une affaire de goût personnel ; mais sachez qu'avec un œuf de 60 g, en 3 minutes vous aurez un œuf à la coque, avec le jaune coulant et le blanc pas tout à fait coagulé ; en 5 minutes un œuf mollet, blanc bien cuit au jaune encore moelleux ; et en 10 minutes, l'œuf sera dur.

Par œuf lipides 5,3 g ; 309 kJ

Œufs brouillés

Pour 2 personnes.

PRÉPARATION 3 MINUTES • CUISSON 3 MINUTES

Vous pouvez remplacer la ciboulette par d'autres fines herbes.

4 œufs
80 ml de lait
1 c. s. de ciboulette hachée
1 c. c. de beurre

1 Cassez les œufs un par un dans une tasse ou une soucoupe. Versez-les ensuite dans un petit saladier. À l'aide d'un fouet, battez-les, puis ajoutez le lait et les herbes. Mélangez encore.

2 Faites fondre le beurre dans une casserole à fond épais, à température moyenne ; quand la préparation commence à attacher au fond de la casserole, remuez doucement et continuellement à l'aide d'une spatule en bois. Arrêtez la cuisson dès que les œufs sont fermes.

Par portion lipides 15 g ; 837 kJ

Suggestions de présentation Les œufs brouillés s'accompagnent bien de lardons, ou de saucisses et de toasts grillés, mais on peut également les servir sur du pain de mie ou du pain brioché grillé, avec du saumon fumé et du concombre ; ou encore sur du pain complet avec un beurre d'ail.

Battez les œufs et le lait.

Remuez les œufs à l'aide d'une cuillère en bois.

Les astuces du chef

- Battez les œufs rapidement, pour mélanger le blanc et le jaune. Si vous les battez trop longtemps, la préparation sera trop légère.
- Les œufs brouillés se servent et se mangent aussitôt, encore fumants, car ils sont moins savoureux quand ils sont tièdes.

Omelette aux courgettes et aux champignons

Pour 1 personne.

PRÉPARATION 10 MINUTES • CUISSON 10 MINUTES

Ajoutez les courgettes aux champignons et à l'ail.

Mélangez le fromage avec les œufs.

Versez les œufs dans la poêle.

Pliez l'omelette en deux.

2 c. c. de beurre

1 gousse d'ail hachée

25 g de champignons de Paris finement émincés

50 g de courgette grossièrement râpée

1 oignon finement émincé

2 œufs

30 g de fromage râpé (gruyère ou emmenthal)

1 Faites chauffer à feu moyen 1 cuillerée à café de beurre dans une petite poêle non adhésive ; faites dorer l'ail et les champignons pendant 2 minutes en remuant fréquemment. Ajoutez la courgette et l'oignon, et laissez cuire, toujours en remuant, pendant environ 1 minute, jusqu'à ce que la courgette soit un peu fondante. Réservez les légumes au chaud dans un bol.

2 Cassez les œufs, un par un, dans une tasse ou une soucoupe, puis versez-les avec l'eau dans un petit saladier. Battez légèrement au fouet. Ajoutez le fromage et battez une nouvelle fois.

3 Faites fondre le reste du beurre dans la poêle en la faisant tourner pour que toute la surface soit graissée. Versez les œufs, et faites-les cuire à feu moyen en inclinant de temps à autre la poêle, jusqu'à ce que les œufs soient encore un peu baveux.

4 Disposez les légumes sur la moitié de l'omelette ; à l'aide d'une spatule, rabattez l'autre moitié par-dessus, puis faites délicatement glisser l'omelette sur une assiette.

Par portion lipides 29,2 g ; 1 502 kJ

Les astuces du chef

- Préparez tous les ingrédients avant de commencer la recette.
- Vous pouvez également utiliser une poêle sans revêtement antiadhésif ; dans ce cas, badigeonnez-la d'huile avant de faire cuire les œufs.
- Attendez que la poêle et le beurre soient déjà chauds avant d'y verser les œufs ; ceux-ci doivent être saisis en omelette immédiatement.
- Si vous préferez une omelette nature, supprimez les légumes et le fromage.
- Vous essayerez diverses sortes de fromage. Vous pouvez également remplacer les courgettes par des épinards frais et des lardons hachés, ou une tomate crue finement hachée et un oignon. Avec 2 cuillerées à soupe de votre herbe aromatique préférée, vous ferez des merveilles !

Les astuces du chef

- Nous vous conseillons de cuire la frittata au four, vous aurez ainsi moins besoin de surveiller la cuisson.
- Si vous faites cuire la frittata sur votre cuisinière, au moment où les œufs sont presque cuits, placez-la sous un gril afin de la faire légèrement dorer. N'oubliez pas d'utiliser un plat allant au four.
- Essayez d'autres ingrédients dans votre frittata : jambon et tomates, épinards, ou encore anchois, ail et tomates.

Frittata aux pommes de terre, lardons et roquette

Pour 4 personnes.

PRÉPARATION 10 MINUTES • CUISSON 50 MINUTES

La frittata est une sorte d'omelette plate italienne. On la cuit lentement au four ou à feu doux sur une cuisinière, avant de la découper en part et d'en garnir les sandwichs ; la frittata se mange chaude ou froide.

2 pommes de terre moyennes
2 tranches de lard grossièrement hachées
1 oignon (150 g) finement haché
1 gousse d'ail hachée
50 g de roquette ou pissenlit grossièrement haché
6 œufs légèrement battus
crème fraîche

1 Préchauffez le four à basse température. Graissez un plat rond et profond allant au four.

2 Faites cuire les pommes de terre épluchées, à l'eau bouillante, à la vapeur ou au micro-ondes, jusqu'à ce qu'elles soient tendres. Laissez-les refroidir, puis coupez-les en tranches fines.

3 Pendant ce temps, faites dorer le lard dans une petite poêle. Ajoutez l'oignon et l'ail et faites cuire, tout en remuant, jusqu'à ce que l'oignon soit fondant. Ôtez la poêle du feu. Ajoutez la roquette (ou pissenlit).

4 Disposez la moitié du lard au fond du plat à four, puis recouvrez de la moitié des pommes de terre ; remettez encore une couche de lard et une couche de pommes de terre. Mélangez les œufs et la crème fraîche, et versez délicatement ce mélange sur le lard et les pommes de terre. Faites cuire à four modéré 35 minutes environ, ou jusqu'à ce que la frittata soit cuite.

5 Faites dorer la frittata au gril si vous le souhaitez. Laissez refroidir 2 minutes avant de servir.

Par portion lipides 29,2 g ; 1 649 kJ

Coupez les pommes de terre cuites en fines lamelles.

Ajoutez l'ail et l'oignon.

Battez légèrement les œufs.

Salade Caesar

Pour 4 personnes.

PRÉPARATION 15 MINUTES • CUISSON 5 MINUTES

Cette salade aurait été inventée dans les années 1920, par le chef Caesar Cardini, dans son restaurant de Tijuana, au Mexique. La sauce contient un œuf cru. Au cas où il vous est interdit de manger des œufs crus, vous pouvez faire un œuf mollet et mélanger le jaune aux autres ingrédients de la sauce.

Faites dorer les croûtons en plusieurs fois.

7 tranches de pain épaisses
2 c. s. d'huile d'olive
100 g de parmesan
1 grosse laitue romaine
5 filets d'anchois à l'huile égouttés et coupés en deux
4 œufs

Sauce Caesar

1 œuf
1 gousse d'ail hachée
2 c. s. de jus de citron
1/2 c. c. de moutarde
5 filets d'anchois égouttés
180 ml d'huile d'olive

1 Enlevez la croûte du pain et coupez les tranches en cubes de 2 cm. Faites chauffer l'huile dans une grande poêle et faites dorer les morceaux de pain en plusieurs fois, jusqu'à ce qu'ils deviennent croustillants. Égouttez-les ensuite sur du papier absorbant.

2 À l'aide d'un épluche-légumes, découpez de longs copeaux de parmesan.

3 Dans un saladier, mélangez des feuilles de romaine avec la moitié des croûtons, la moitié des anchois et la moitié du parmesan ; ajoutez la moitié de la sauce et tournez bien le tout. Ajoutez le reste des ingrédients et le reste de la sauce et mélangez encore une fois. Répartissez la salade Caesar sur 4 assiettes.

4 Remplissez à moitié une sauteuse d'eau et faites-la bouillir. Cassez un par un les œufs dans un bol peu profond puis faites les glisser, toujours un par un dans l'eau bouillante. Quand tous les œufs sont dans la sauteuse, laissez l'eau bouillir à nouveau. Couvrez, éteignez le feu et laissez ainsi 4 minutes, ou jusqu'à ce qu'un léger film de blanc d'œuf recouvre les jaunes.

5 À l'aide d'une spatule, sortez délicatement les œufs de l'eau et égouttez-les sur du papier absorbant afin d'éliminer toute l'eau. Disposez un œuf poché sur chaque assiette, au-dessus de la salade.

Sauce Caesar Mixez l'œuf cru, l'ail, le jus de citron, la moutarde et les anchois jusqu'à obtenir une pâte lisse ; tout en continuant à mixer, ajoutez l'huile en filet jusqu'à ce que la sauce s'épaississe.

Par portion lipides 75,6 g ; 3 986 kJ

Découpez le parmesan en longs copeaux.

Faites glisser les œufs dans la sauteuse.

Égouttez chaque œuf sur du papier absorbant.

Les astuces du chef

- Pour pocher les œufs, couvrez la sauteuse avec un couvercle en verre, de manière à pouvoir surveiller la cuisson. Ne soulevez pas le couvercle avant la fin de la cuisson : la vapeur joue son rôle dans la cuisson.
- Si vous n'aimez pas découvrir des morceaux d'anchois sous vos feuilles de salade, mixez-les tous dans la sauce.
- Les restaurants ajoutent parfois du blanc de poulet grillé à cette salade, ce qui en fait un plat unique très copieux.

Les astuces du chef

- Le sucre semoule se dissout vite ; pour être sûr qu'il est complètement fondu, frottez un peu du mélange de la meringue entre le pouce et l'index ; vous ne devez pas sentir les grains. Dans le cas contraire, continuez à battre à vitesse maximale jusqu'à ce que le mélange devienne lisse.
- Avant d'ajouter le sucre, assurez-vous que les blancs d'œufs sont à température ambiante.
- Utilisez des fouets très propres ; toute trace de gras empêcherait les blancs de monter autant qu'il le faut ; pour la même raison, il ne doit y avoir aucune parcelle de jaune dans les blancs.
- Les fruits que vous trouverez pour garnir la pavlova dépendent bien sûr de la saison, bien que traditionnellement on utilise des fruits rouges écrasés et de la purée de fruits de la passion. Dans notre recette, nous avons choisi des caramboles, des nectarines, des pommes vertes, des fraises et des framboises.

Pavlova

Pour 6 personnes.

PRÉPARATION 15 MINUTES • CUISSON 1 H 30

L'Australie et la Nouvelle-Zélande se disputent l'invention de ce fabuleux dessert tout en meringue, crème et fruits, mais un fait est sûr et certain : le nom est un hommage à la danseuse étoile russe, Anna Pavlova.

4 blancs d'œuf
250 g de sucre semoule
300 ml de crème fraîche épaisse
750 g de fruits frais mélangés coupés en petits morceaux

1 Préchauffez le four à basse température. Graissez une plaque à biscuits et recouvrez-la de papier sulfurisé.

2 Versez les blancs d'œufs dans un petit saladier bien propre et battez-les en neige à l'aide d'un mixer, à vitesse maximum pendant 1 minute ou jusqu'à ce que les blancs forment des pics. Ajoutez peu à peu le sucre, 1 cuillerée à soupe à la fois, en battant bien après chaque nouvelle cuillerée jusqu'à ce que le sucre se dissolve ; ôtez les grains de sucre qui peuvent rester sur les parois du saladier avec une spatule en plastique.

3 Versez la meringue sur la plaque en formant un rond d'environ 20 cm de diamètre ; égalisez légèrement le dessus de la meringue à l'aide d'une spatule en plastique. Faites cuire sans couvrir à four très doux pendant environ 1 h 30, ou jusqu'à ce que la meringue soit ferme et sèche au toucher. Éteignez le four ; laissez la porte du four à moitié ouverte afin que la meringue refroidisse lentement.

4 Versez la crème fraîche dans un petit saladier ; à l'aide d'un mixer, fouettez-la à vitesse moyenne, jusqu'à ce que des pics se forment.

5 Retournez la meringue sur un plat de service, afin que le dessous soit visible ; décollez le papier de cuisson ; recouvrez la meringue de crème fouettée et de fruits.

Par portion meringue : lipides 0 g ; 629 kJ ; pavlova : lipides 19 g ; 1 482 kJ

Ajoutez le sucre aux blancs d'œuf.

Versez la meringue sur la plaque.

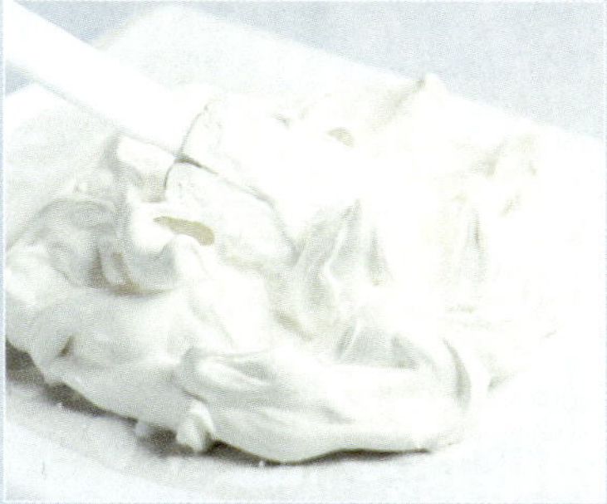

Égalisez le dessus de la meringue à l'aide d'une spatule.

Disposez la meringue sur un plat.

Riz, pâtes et autres

Ce qu'il faut savoir…

Plus les pâtes sont longues, plus la sauce doit être fluide. Ainsi, les spaghettis s'accommodent très bien d'une béchamel légère ou d'une sauce tomate à la crème tandis que les fusilli vont bien avec la crème fraîche et les sauces à la viande. Les pâtes courtes et larges s'emploient de préférence avec des sauces épaisses, à la viande ou aux légumes, et les pâtes en ruban, avec du beurre, de la crème ou des sauces au fromage.

Le temps de cuisson des pâtes est très variable. Suivez les indications sur le paquet, en goûtant 1 ou 2 minutes avant la fin de la cuisson. Les pâtes fraîches et les nouilles se cuisent différemment, certaines ont juste besoin de gonfler dans la sauce, d'autres doivent tremper un moment dans l'eau chaude.

Pour réchauffer des pâtes, placez-les dans une passoire au-dessus d'une grande casserole et versez de l'eau bouillante dessus. Séparez-les, à l'aide d'une fourchette, puis ôtez la passoire de la casserole.

Nous n'avons jamais indiqué la quantité de sel à ajouter dans les pâtes ou le riz ; dans l'eau de cuisson, ajoutez toujours un peu de gros sel et 1 cuillerée à soupe d'huile d'olive, afin que les pâtes ne collent pas entre elles. Vous pouvez remplacer le gros sel par 1 bouillon cube de poulet ou de légumes. Ne salez pas l'eau des nouilles chinoises, les sauces d'accompagnement, souvent à base de sauce de soja, sont assez salées.

Pâtes aux champignons

Pour 4 personnes.

PRÉPARATION 10 MINUTES • CUISSON 20 MINUTES

2 c. c. d'huile d'olive

200 g de petits champignons de Paris grossièrement émincés

2 gousses d'ail hachées

200 g de jambon grossièrement haché

60 ml de vin blanc sec

300 ml de crème fraîche

500 g de pâtes

2 c. s. de ciboulette finement hachée

Versez les champignons dans la casserole.

Ajoutez le vin à la préparation.

1 Faites chauffer l'huile dans une casserole ou une sauteuse de taille moyenne ; ajoutez les champignons, l'ail et le jambon, et faites légèrement dorer en remuant. Versez le vin et faites bouillir sans couvrir jusqu'à ce que le vin ait réduit de moitié.

2 Ajoutez la crème fraîche à cette préparation et laissez frémir, sans couvrir, jusqu'à ce que la sauce épaississe légèrement.

3 Pendant ce temps, faites bouillir une grande casserole d'eau salée et faites cuire les pâtes jusqu'à ce qu'elles soient cuites à votre goût ; égouttez.

4 Ajoutez la ciboulette à la sauce, versez les pâtes dedans à l'aide de couverts à salade ou d'une pince à spaghettis. Remuez délicatement.

Par portion lipides 32,6 g ; 3 294 kJ

nouilles

Les astuces du chef

- Innovez en essayant d'autres variétés de champignons dans cette recette (nous avons utilisé des champignons de Paris).
- Remplacez le vin par du bouillon de poulet ou du lait ; ou encore ne mettez rien si vous préférez obtenir une sauce plus épaisse.
- Cette sauce va bien avec toutes sortes de pâtes, en particulier les pâtes fraîches. Essayez-la avec des fettucine aux épinards ou à la tomate, fraîches ou sèches.

Lasagnes végétariennes

Pour 6 personnes.

PRÉPARATION 40 MINUTES • CUISSON 1 H 50

2 aubergines moyennes (600 g)
du gros sel
2 c. s. d'huile d'olive
2 poivrons rouges moyens (400 g)
375 g de sauce tomate en bocal
250 g de lasagnes
75 g de mozzarella grossièrement râpée
135 g de pesto au basilic (voir recette p. 38)
40 g de parmesan finement râpé

Sauce béchamel

60 g de beurre
35 g de farine
375 ml de lait
40 g de parmesan finement râpé

1 Huilez un plat à four rectangulaire d'une capacité de 2 l.

2 Découpez les aubergines non épluchées en tranches de 1 cm d'épaisseur ; mettez-les dans une passoire et parsemez de gros sel ; laissez reposer 30 minutes. Préchauffez le four à température moyenne.

3 Pendant ce temps, coupez les poivrons en quatre, ôtez les graines et la membrane. Faites griller à four très chaud, côté peau sur le dessus, jusqu'à ce que la peau se boursoufle et noircisse. Recouvrez les poivrons d'un film plastique ou d'un papier de cuisson pendant 5 minutes ; pelez les poivrons et coupez-les en lanières épaisses.

4 Rincez les aubergines sous le robinet ; égouttez-les à l'aide de papier absorbant, puis badigeonnez-les d'huile. Disposez les aubergines en une seule couche sur deux plaques de four et faites cuire, à température moyenne environ 40 minutes, jusqu'à ce que les aubergines soient dorées et tendres.

5 Versez un tiers de la sauce tomate dans le plat allant au four. Disposez dessus un tiers des lasagnes, un tiers de la sauce, la moitié des aubergines, la moitié de la mozzarella. Répétez cette disposition en couches avec un deuxième tiers de lasagnes, le reste de la sauce tomate, tous les poivrons, et le reste de la mozzarella, des lasagnes et des aubergines. Recouvrez les aubergines de pesto, puis de sauce béchamel. Recouvrez le plat, et faites cuire le tout à four modéré 30 minutes. Enlevez le couvercle ou la feuille de papier d'aluminium, parsemez les lasagnes de parmesan et laissez cuire encore 30 minutes ou jusqu'à ce que le dessus du plat soit légèrement doré. Sortez les lasagnes du four et laissez refroidir 5 minutes avant de servir.

Sauce béchamel Faites fondre le beurre dans une casserole de taille moyenne ; ajoutez la farine en remuant sur le feu jusqu'à ce que le mélange bout et devienne un peu granuleux. Retirez la casserole du feu et versez peu à peu le lait ; remettez sur le feu et remuez jusqu'à ce que la sauce s'épaississe en bouillant. Éteignez et ajoutez le parmesan.

Par portion lipides 31,6 g ; 2 342 kJ

Disposez les lasagnes sur la couche de sauce tomate.

Placez les tranches d'aubergines dans le plat.

Préparez la béchamel.

Recouvrez les lasagnes de béchamel.

Les astuces du chef

- Ces lasagnes seront encore meilleures si vous préparez le pesto et la sauce tomate vous-même. Les recettes se trouvent respectivement pages 38 et 24.
- Vous pouvez remplacer les aubergines par des courgettes, des épinards ou des poireaux. Mais attention, tous les légumes doivent être cuits avant d'être disposés dans le plat.
- Si vous en avez la possibilité, utilisez plutôt des lasagnes fraîches, ou encore des feuilles de riz fraîches, que vous trouverez dans épiceries asiatiques.

Sauce tomate...

Voici trois variantes de sauce tomate maison. Pour 4 personnes, nous vous conseillons 500 g de pâtes, accompagnées de la sauce de votre choix, à servir avec une salade verte et une baguette bien fraîche, à moins que vous ne préfériez un pain italien, par exemple une ciabatta chaude.

Ajoutez du basilic aux tomates en boîte.

Faites griller les tomates coupées en deux.

Hachez les olives pour la sauce crue.

...avec des tomates en boîte

Pour 4 personnes.

PRÉPARATION 10 MINUTES
CUISSON 20 MINUTES

1 c. s. d'huile d'olive
1 oignon (150 g) finement haché
2 gousses d'ail hachées
2 boîtes de 400 g de tomates entières au naturel
125 ml d'eau
125 ml de bouillon de légumes
1 c. s. de concentré de tomates
1 c. c. de sucre
2 c. s. de basilic finement haché

1 Faites chauffer l'huile dans une grande poêle ; laissez dorer l'oignon et l'ail en remuant, jusqu'à ce que l'oignon soit fondant.

2 Versez dans la poêle les tomates concassées et leur jus, l'eau, le bouillon, le concentré de tomates et le sucre ; amenez à ébullition. Laissez frémir 15 minutes, jusqu'à ce que la sauce soit légèrement épaisse. Juste avant de servir avec les pâtes, ajoutez le basilic.

Par portion lipides 5,6 g ; 537 kJ (sans les pâtes).

...avec des tomates grillées

Pour 4 personnes.

PRÉPARATION 10 MINUTES
CUISSON 1 H 15

1 c. s. de vinaigre balsamique
2 c. c. de sucre roux
1 gousse d'ail hachée
1 c. s. d'huile d'olive
6 grosses tomates olivettes ou autres (550 g) coupées en deux
20 g de beurre
1 oignon rouge (170 g) finement haché
125 ml d'eau
60 ml de vin rouge
1 c. s. de concentré de tomates
4 c. s. de persil grossièrement haché
8 feuilles de basilic déchirées

1 Mélangez le vinaigre, le sucre, l'ail et l'huile dans un petit récipient verseur ; remuez jusqu'à ce que le sucre soit fondu.

2 Disposez les moitiés de tomates, chair sur le dessus, dans un plat allant au four ; aspergez avec le mélange vinaigré. Faites cuire 50 minutes à four chaud, sans couvrir, jusqu'à ce que les tomates soient dorées et tendres.

3 Retirez les tomates de leur plat de cuisson ; sur feu moyen, faites fondre le beurre dans ce même plat et ajoutez l'oignon ; faites dorer jusqu'à ce que l'oignon soit fondant.

4 Remettez les tomates dans le plat, ajoutez l'eau, le vin et le concentré de tomates. Amenez à ébullition et laissez frémir sans couvrir pendant 10 minutes en remuant de temps en temps, jusqu'à ce que la sauce ait légèrement épaissi. Ajoutez le persil et le basilic aux pâtes, juste au moment de servir.

Par portion lipides 9,4 g ; 539 kJ (sans les pâtes).

…avec des tomates fraîches, sans cuisson

Pour 4 personnes.

PRÉPARATION 20 MINUTES

6 tomates olivettes ou autres (450 g)
1 oignon moyen (150 g) finement haché
35 g d'olives vertes au piment dénoyautées (35 g) finement hachées
1 c. s. de câpres égouttées et finement hachées
6 c. s. de persil finement haché
2 gousses d'ail hachées
125 ml d'huile d'olive

1 Hachez les tomates en très petits dés ; versez-les dans un saladier avec les autres ingrédients.
2 Couvrez la sauce et laissez reposer au réfrigérateur toute une nuit.
3 Servez, sans la réchauffer, sur les pâtes chaudes.

Par portion lipides 30,6 g ; 1 247 kJ (sans les pâtes).

Les astuces du chef

- Préparez cette sauce un jour à l'avance, afin que les saveurs se marient bien.
- Si vous n'aimez pas les olives ou les câpres, remplacez l'une ou l'autre – ou les deux – par 4 cuillerées à soupe de basilic finement haché.
- Vous pouvez utiliser différentes variétés de tomates, mais assurez-vous qu'elles sont bien fermes ; autrement, elles feront une sorte de purée quand vous voudrez les découper en dés.
- L'huile d'olive est un ingrédient important dans cette recette. Choisissez une huile de qualité.

Risotto au citron

Pour 4 personnes.

PRÉPARATION 15 MINUTES • CUISSON 40 MINUTES

Cette recette toute simple vous prouvera que le risotto n'est pas très compliqué à réaliser, il faut simplement avoir le temps. Une fois que vous aurez compris le principe de base du risotto, vous aurez envie d'essayer une nouvelle version tous les jours !

Ajoutez au bouillon le zeste et le jus de citron.

1 l de bouillon de poule
250 ml de vin blanc sec
2 c. c. de zeste de citron
1 c. s. de jus de citron
80 g de beurre
1 oignon (150 g) finement haché
400 g de riz rond
60 g de parmesan râpé
2 c. s. de persil finement haché

1 Dans une casserole de taille moyenne, amenez à ébullition le bouillon et le vin, puis ajoutez le zeste et le jus de citron ; couvrez et laissez frémir pendant que vous préparez le riz et les oignons.

2 Mettez la moitié du beurre dans une grande casserole ; faites cuire les oignons en remuant, jusqu'à ce qu'ils soient fondants. Ajoutez le riz, et remuez délicatement pour qu'il s'imprègne de beurre et change légèrement de couleur.

3 Ôtez le couvercle du bouillon et versez-en 250 ml au riz. Maintenez à feu modéré en continuant à remuer jusqu'à ce que le liquide soit absorbé.

4 Ajoutez à nouveau du bouillon, petit à petit en remuant constamment, jusqu'à ce que le liquide soit absorbé par le riz ; le temps de cuisson total est d'environ 35 minutes, jusqu'à ce que le riz soit tendre.

5 Éteignez sous la casserole ; ajoutez le reste du beurre, le parmesan et le persil. Servez immédiatement.

Par portion lipides 22,1 g ; 2 805 kJ

Les astuces du chef

- Si vous en trouvez, préferez le riz arborio, disponible maintenant dans les supermarchés, blanc et rond, il est capable d'absorber plusieurs fois son poids en liquide.
- Vous pouvez remplacer le beurre par de l'huile d'olive, ou bien utiliser un peu des deux.
- Le bouillon doit toujours être frémissant pendant que vous faites cuire le riz, car s'il refroidit cela retardera la cuisson du tout, et le riz deviendra caoutchouteux.
- Achetez un parmesan de qualité et râpez-le vous-même.
- Le risotto ne se fait jamais à l'avance : il deviendrait gluant, lourd et franchement peu agréable à manger !

Imprégnez le riz de beurre.

Ajoutez le bouillon au riz.

Inspirez-vous des variantes suivantes, qui prennent à peu près le même temps de préparation que le risotto au citron ; il suffit de remplacer le zeste et le jus de citron de la recette principale par les ingrédients suivants.

Risotto à la milanaise

On sert généralement ce risotto avec l'osso buco (voir page 62).

Étape 2, ajoutez à l'oignon 50 g de jambon de pays finement haché et 1 demi-cuillerée à café de safran en poudre ; ne mettez pas de persil.

Par portion lipides 23,8 g ; 2 911 kJ

Risotto aux champignons

Dans 20 g de beurre, faites cuire à feu doux 200 g de petits champignons de Paris et 200 g de pleurotes ou aux autres champignons, grossièrement émincés ; couvrez jusqu'à ce que les champignons soient tendres. En même temps, mélangez délicatement au risotto le parmesan et le persil.

Par portion lipides 27 g ; 3 055 kJ

Risotto aux petits pois et aux lardons

Étape 2, faites dorer 80 g de lard finement haché avec l'oignon. Avec les derniers 250 ml de bouillon, ajoutez délicatement 60 g de petits pois surgelés.

Par portion lipides 25 g ; 3 001 kJ

Risotto aux asperges

Faites cuire à l'eau bouillante, à la vapeur ou au micro-ondes 500 g d'asperges épluchées et grossièrement hachées jusqu'à ce qu'elles soient tendres. Ajoutez délicatement au risotto avec le parmesan ; ne mettez pas de persil.

Par portion lipides 22,3 g ; 2 893 kJ

Coupez le tofu en dés.

Enlevez les boyaux des crevettes.

Versez les nouilles dans l'eau bouillante.

Faites dorer le tofu.

Ajoutez les crevettes à la soupe.

Soupe au lait de coco et aux crevettes

Pour 4 personnes.

PRÉPARATION 35 MINUTES • CUISSON 40 MINUTES

1 kg de crevettes crues moyennes
90 g de pâte de laksa ou pâte de curry, plus facile à se procurer
560 ml de lait de coco
1,25 l de bouillon de poule
2 piments rouges épépinés et finement hachés
60 ml de jus de citron
1 c. s. de sucre roux
6 feuilles de menthe déchirées
250 g de nouilles de riz sèches
huile pour friture
300 g de tofu coupé en dés de 2 cm
200 g de germes de soja
2 petits oignons blancs finement hachés

1 Décortiquez les crevettes et enlevez les boyaux en laissant la queue intacte.

2 Faites chauffer une grande casserole et versez la pâte de laksa en remuant jusqu'à ce que l'odeur monte. Ajoutez le lait de coco, le bouillon, les piments, le jus de citron, le sucre et la menthe. Amenez à ébullition, puis laissez frémir 30 minutes en couvrant.

3 Pendant ce temps, faites cuire les nouilles dans une grande casserole d'eau bouillante, sans couvrir, jusqu'à ce qu'elles soient tendres ; égouttez-les. Faites chauffer l'huile dans un wok ou une sauteuse à fond épais, et faites frire le tofu en petites quantités, jusqu'à ce que les dés soient dorés. Égouttez sur du papier absorbant.

4 Ajoutez les crevettes au mélange laksa et laissez frémir 5 minutes sans couvrir, jusqu'à ce que les crevettes changent de couleur.

5 Au moment de servir, ajoutez dans la soupe les nouilles, le tofu, les germes de soja et l'oignon ; mélangez délicatement les ingrédients afin que tout soit chaud.

Par portion lipides 46,3 g ; 3 159 kJ

Les astuces du chef

- Vous serez tout fier de savoir cuisiner cette soupe malaise épicée. Pour plus de facilité, utilisez de la pâte laksa toute prête, que vous trouverez dans certains supermarchés.
- Si vous souhaitez une soupe vraiment très pimentée, n'épépinez pas les piments ; vous pouvez également la servir avec un bol de sambal oelek (purée de piment), comme en Malaisie.
- La menthe que vous trouverez dans certaines épiceries fines ou dans les magasins d'alimentation asiatique apportera une saveur particulière, elle s'appelle aussi menthe vietnamienne, cambodgienne et daun laksa, qui signifie feuilles de laksa.
- Essayez à la place des crevettes du poulet cuit haché, ou, pour une version végétarienne, du chou chinois, des épinards ou du chou hachés.

Soupe de nouilles composée

Pour 4 personnes.

PRÉPARATION 15 MINUTES • CUISSON 30 MINUTES

Retirez le poulet poché de la casserole.

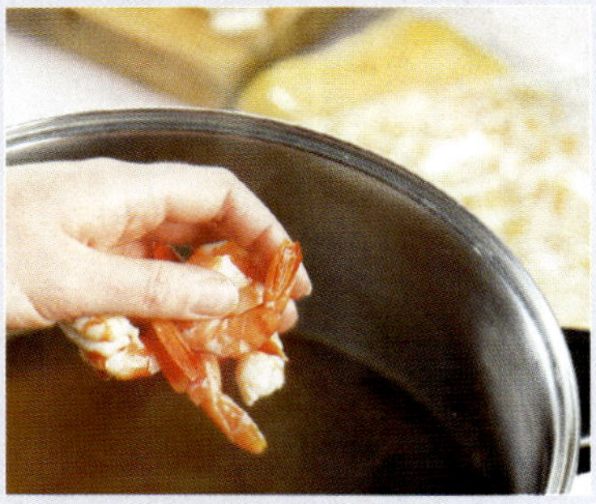

Ajoutez les crevettes au bouillon chaud.

500 g de blancs de poulet
2 l de bouillon de poule (voir recette ci-dessous)
1 c. s. de sauce de soja
125 g de nouilles fraîches de préférence
100 g de petites crevettes cuites non décortiquées
200 g de porc chinois au barbecue finement émincé*
100 g de germes de soja
4 petits oignons blancs émincés

1 Pochez le poulet dans une grande poêle remplie d'eau bouillante ; dès que l'eau se remet à bouillir, baissez le feu et laissez frémir sans couvrir pendant 15 minutes environ, jusqu'à ce que le poulet soit cuit.
2 À l'aide d'une écumoire, retirez le poulet de l'eau ; quand il est assez refroidi, découpez-le en tranches fines.
3 Dans une grande casserole, versez le bouillon et la sauce de soja ; couvrez et amenez à ébullition.
4 Ajoutez les nouilles au bouillon en les séparant immédiatement à l'aide d'une fourchette. Baissez le feu, ajoutez le poulet, les crevettes, le porc, le soja et l'oignon ; laissez frémir jusqu'à ce que tous les ingrédients soient chauds.
5 Avec une pince à barbecue, servez d'abord les nouilles dans de grands bols, puis versez le reste de la soupe par-dessus.

Par portion lipides 11,6 g ; 1 847 kJ

* Voir glossaire.

Bouillon de poule

Pour 2,5 l.

Mélangez les ingrédients du bouillon.

2 kg d'os de poulet (que vous demanderez à votre boucher)
2 oignons (300 g) grossièrement hachés
2 branches de céleri (150 g) épluchées et grossièrement hachées
2 carottes moyennes (250 g) grossièrement hachées
3 feuilles de laurier
2 cuillerées à café de poivre noir en grains
5 l d'eau

Mélangez tous les ingrédients dans une grande casserole ; laissez frémir, sans couvrir, pendant 2 heures. Passez dans une passoire recouverte d'une mousseline, et placée au-dessus d'un saladier.

Pour 100 ml lipides 0,1 g ; 89 kJ

LES ASTUCES DU CHEF

- Pour savoir si le poulet est cuit, retirez un morceau de viande et découpez-le sur une petite assiette. Si dans sa partie la plus épaisse il est tout à fait blanc, c'est qu'il est cuit.
- Découpez le poulet quand il a refroidi, mais sans attendre qu'il soit complètement froid. Vous le trancherez ainsi plus aisément. Si vous ne faites pas la soupe immédiatement, couvrez-le d'un film étirable et conservez-le au réfrigérateur.

Les astuces du chef

- Pour le minestrone, on choisit généralement des pâtes courtes et trapues qui tiennent bien à la cuisson. Essayez les grosses coquillettes, les macaronis ou les pennes.
- Cette « soupe unique » sera meilleure avec du bouillon de bœuf maison (voir la recette page 116), mais vous pouvez également utiliser du bouillon tout fait. Veillez à ne pas trop saler ensuite.
- Le légume vert traditionnel du minestrone est le chou, mais vous pouvez également essayer un assortiment des légumes qui vous tentent : épinards hachés, chou frisé, blettes, chou de Milan…

Minestrone

Pour 4 personnes.

PRÉPARATION 20 MINUTES • CUISSON 45 MINUTES

Le mot minestrone vient de minestra, *premier plat du repas en Italie. C'est maintenant une soupe campagnarde non mixée.*

1 c. s. d'huile d'olive
4 tranches de lard grossièrement hachées
2 oignons (300 g) grossièrement émincés
2 gousses d'ail hachées
1 carotte moyenne (120 g) grossièrement hachée
2 petites pommes de terre (240 g) grossièrement hachées
2 branches de céleri (150 g) sans les feuilles et grossièrement hachées
1,5 l de bouillon de bœuf
400 g de tomates pelées en boîte
2 c. s. de concentré de tomates
150 g de macaroni
60 g de petits pois surgelés
80 g de chou finement émincé
2 petites courgettes (180 g) grossièrement hachées

1 Faites chauffer l'huile dans une grande casserole ; faites revenir le lard, l'oignon, l'ail, les carottes, les pommes de terre et le céleri en remuant jusqu'à ce que l'oignon soit fondant.

2 Ajoutez le bouillon, les tomates avec leur jus et le concentré de tomates ; amenez à ébullition. Laissez frémir environ 30 minutes à couvert, en remuant de temps à autre, jusqu'à ce que les légumes soient cuits.

3 Ajoutez les pâtes, les petits pois, le chou et les courgettes ; faites à nouveau frémir, sans couvercle, pendant 10 minutes, jusqu'à ce que les pâtes soient *al dente*.

Par portion lipides 7,9 g ; 1 372 kJ

Suggestions de présentation N'oubliez pas de mettre sur la table un bol de parmesan fraîchement râpé, que vos convives ajouteront à leur soupe. Le meilleur pain à tremper dedans est une miche de pain blanc encore chaude et croustillante.

Ajoutez les carottes...

...puis ajoutez le chou émincé.

Versez les nouilles dans l'eau bouillante.

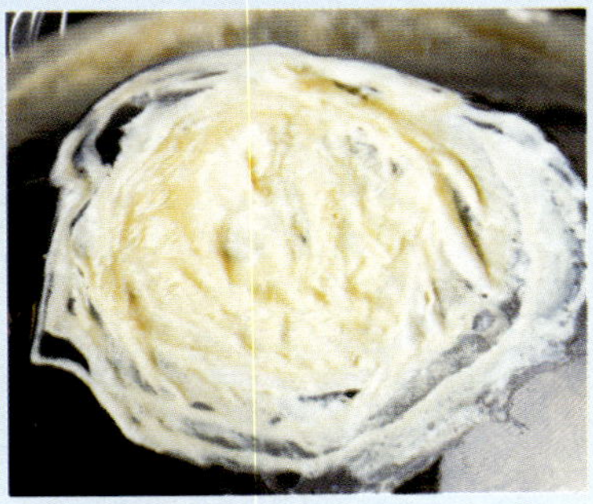
Faites tourner le wok pour cuire les œufs en omelette.

Coupez l'omelette roulée en fines bandelettes.

Nouilles sautées

Pour 4 personnes.

PRÉPARATION 40 MINUTES • CUISSON 5 MINUTES

250 g de nouilles chinoises fines aux œufs
2 c. s. d'huile
4 œufs légèrement battus
3 gousses d'ail hachées
1 c. s. de gingembre râpé
1 oignon (150 g) finement émincé
2 c. s. de pâte de curry moyennement forte
230 g de châtaignes d'eau en boîte grossièrement hachées (que vous trouverez aisément dans les épiceries asiatiques)
3 petits oignons blancs émincés en diagonale
200 g de porc chinois au barbecue* en tranches
500 g de crevettes moyennes crues décortiquées
4 c. s. de sauce de soja

1 Faites cuire les nouilles dans une grande casserole d'eau bouillante sans couvercle, jusqu'à ce qu'elles soient tendres ; égouttez.

2 Pendant ce temps, faites chauffer la moitié de l'huile dans un wok chaud ou une grande poêle ; ajoutez la moitié des œufs et faites tourner le wok pour former une omelette fine ; retirez cette omelette du wok, roulez-la et découpez-la en fines bandelettes. Répétez l'opération avec le restant d'œufs.

3 Faites chauffer le reste de l'huile dans le wok et faites revenir l'ail et le gingembre pendant 1 minute. Ajoutez l'oignon et la pâte de curry ; faites revenir 2 minutes.

4 Ajoutez les châtaignes d'eau, le petit oignon blanc et le porc ; faites sautez 2 minutes, jusqu'à ce que les châtaignes soient dorées.

5 Ajoutez les crevettes, et faites revenir jusqu'à ce qu'elles changent de couleur. Versez enfin les nouilles, les diverses sauces et les morceaux d'omelette. Faites revenir le tout jusqu'à ce que la sauce épaississe et que les nouilles soient bien chaudes.

Par portion lipides 27,2 g ; 2 658 kJ

* Voir glossaire.

Faites revenir les ingrédients.

Les astuces du chef

- Les magasins d'alimentation chinois vendent du porc déjà grillé.
- Avant de commencer la cuisson, émincez ou hachez tous les ingrédients, afin de pouvoir les faire revenir très rapidement. Attention, les nouilles deviendront collantes et lourdes si vous laissez refroidir ou si vous cuisez le tout trop longtemps.

Les astuces du chef

- Le nuoc mâm est une sauce vietnamienne à base de poisson ; la version thaïlandaise, naam pla, est très proche.
- Remplacez le chou par 16 crevettes moyennes cuites, si vous préférez une version « de la mer ».
- N'enlevez pas les graines des piments si vous souhaitez des rouleaux très pimentés. Par contre, pour épépiner les piments, portez des gants jetables pour ne pas vous brûler les mains avec les graines ou la membrane.

Rouleaux de printemps vietnamiens

Pour 4 personnes.

PRÉPARATION 40 MINUTES • MARINADE 25 MINUTES

Dans cette recette, utilisez des ingrédients vietnamiens, que vous trouverez dans les épiceries spécialisées ou les supermarchés asiatiques.

6 champignons parfumés séchés ou champignons de Paris
50 g de vermicelles de riz
1 petit concombre (130 g)
8 feuilles de riz rondes
16 feuilles de menthe
1 carotte moyenne (120 g) finement râpée
100 g de chou finement émincé
8 petits oignons blancs

Sauce

1 c. s. de vinaigre blanc
60 ml de jus de citron
1 gousse d'ail hachée
60 ml de nuoc mâm
2 piments rouges épépinés et finement émincés

1 Dans un petit bol, placez les champignons et recouvrez-les d'eau bouillante ; laissez reposer 20 minutes. Égouttez les champignons, coupez les pieds et hachez le reste finement.
2 Pendant ce temps, faites tremper les nouilles dans un bol d'eau bouillante jusqu'à ce qu'elles soient tendres. Égouttez-les et éliminez toute l'eau à l'aide de papier absorbant. Coupez les nouilles en 8 portions.
3 Coupez en deux le concombre non pelé, enlevez les graines à l'aide d'une cuillère ; coupez les morceaux de concombres en deux dans le sens de la largeur, puis en 4 bâtonnets.
4 Placez 1 feuille de riz dans le bol d'eau chaude qui a servi aux nouilles pendant 1 minute environ, pour qu'elle ramollisse légèrement. Retirez la feuille de l'eau, étalez-la sur une planche ; éliminez l'excédent d'eau à l'aide de papier absorbant. Faites de même avec les autres feuilles de riz.
5 Sur chaque feuille de riz, disposez une part égale de champignons, vermicelles, concombre, menthe, carotte et chou. Repliez les côtés de la feuille, rabattez les extrémités pour fermer le rouleau. À la moitié de la feuille environ, posez un petit oignon blanc, qui dépassera du rouleau de printemps. Terminez le rouleau.
6 Servez 2 rouleaux de printemps par personne, accompagnés d'une sauce réalisée avec les ingrédients cités au début de la recette.

Par portion lipides 3 g ; 326 kJ

Hachez les champignons.

Coupez les vermicelles en 8 portions.

Épépinez le concombre.

Roulez les rouleaux de printemps.

Pâtes au pesto de basilic

Pour 4 personnes.

PRÉPARATION 20 MINUTES • CUISSON 10 MINUTES

350 g de basilic frais
2 gousses d'ail pelées
50 g de pignons grillés
180 ml d'huile d'olive
50 g de parmesan grossièrement râpé
500 g de pâtes

1 Effeuillez les tiges de basilic, et jetez les tiges. Rincez soigneusement les feuilles à l'eau froide, égouttez-les et essuyez-les à l'aide de papier absorbant.

2 Mixez les feuilles de basilic, l'ail, les pignons avec un peu d'huile. Quand les ingrédients forment une purée, ajoutez petit à petit le reste de l'huile d'olive tout en continuant à mixer.

3 Arrêtez le mixer ; à l'aide d'une spatule souple, remettez la pâte de basilic au fond du récipient. Recommencez à mixer en répétant cette opération plusieurs fois, jusqu'à obtenir un mélange lisse. Ajoutez le parmesan au moment de servir.

4 Faites cuire les pâtes dans une grande casserole d'eau bouillante, sans couvrir, jusqu'à ce qu'elles soient *al dente* ; égouttez-les. Versez la sauce au pistou sur les pâtes chaudes ; à l'aide de couverts à salade ou d'une pince à spaghettis, mélangez délicatement. Servez immédiatement.

Par portion lipides 56,7 g ; 3 979 kJ

Faites griller les pignons au four.

Effeuillez le basilic.

Les astuces du chef

- Il vous faut beaucoup de basilic pour cette recette. Si c'est l'été, la saison du basilic, pourquoi ne pas doubler ou quadrupler les proportions des ingrédients et congeler la sauce en portions de soleil pour l'hiver ?
- Cette recette exige une huile d'olive de première qualité.
- Vous ajouterez le parmesan au dernier moment, même si vous préparez ce pistou à l'avance.
- Choisissez les pâtes que vous préférez, mais sachez que cette sauce se marie bien avec la texture poreuse des fettucine ou toutes autres pâtes « en ruban ».

Pesto de coriandre et noix de pécan

Pour 4 personnes.

Voici un pesto moins classique et très « branché ». Faites vous-mêmes vos expériences en alliant une herbe et une graine : vous découvrirez sans doute une combinaison qui vous ravira et fera les délices de votre entourage !

Mixez 60 g de noix de pécan, 2 gousses d'ail pelées, 200 g de feuilles de coriandre fraîches grossièrement hachées et 2 cuillerées à soupe de racine de coriandre, avec 180 ml d'huile d'olive en suivant les indications de la recette du pesto de basilic. Servez avec 500 g de pâtes.

Par portion lipides 55,5 g ; 3 867 kJ

Riz sauté

Pour 4 personnes.

PRÉPARATION 25 MINUTES • CUISSON 25 MINUTES

Ce plat sera meilleur si vous faites cuire le riz la veille (il a d'ailleurs été créé pour utiliser les restes). Froids, les grains de riz restent séparés et ne forment pas une masse collante quand on les fait revenir avec les autres ingrédients. Faites cuire 200 g de riz blanc long dans une grande casserole d'eau bouillante jusqu'à ce qu'il soit tendre. Égouttez le riz, étalez-le sur un plateau et laissez-le reposer une nuit au réfrigérateur.

Les astuces du chef

- Ne considérez pas le riz sauté comme un simple moyen d'utiliser les restes. Bien cuisiné, avec des ingrédients de qualité, il fera un plat principal raffiné.
- Vous pouvez congeler les restes en petites portions de 200 g et sortir la quantité requise à tout moment.

2 c. c. d'huile

2 œufs légèrement battus

1 c. c. d'huile de sésame (facultatif)

4 tranches de lard grossièrement haché

1 oignon (150 g) grossièrement haché

2 branches de céleri (150 g) sans les feuilles grossièrement émincées

1 gousse d'ail hachée

1 c. s. de gingembre râpé

400 g de riz blanc long cuit et froid

100 g de petites crevettes cuites non décortiquées

425 g de petits épis de maïs égouttés et en rondelles

125 g de petits pois surgelés et dégelés

4 petits oignons blancs finement émincés

1 c. s. de sauce de soja

1 Faites chauffer 1 cuillerée à café d'huile dans un wok chaud ou une sauteuse à fond épais ; ajoutez la moitié des œufs battus, faites tourner le wok de manière à faire cuire les œufs en fine omelette. Retirez la première omelette du wok, roulez-la et découpez de fines lanières. Répétez l'opération avec le restant des œufs.

2 Faites chauffer le restant de l'huile et l'huile de sésame dans le wok ; faites dorer le lard, puis ajoutez l'oignon, le céleri, l'ail et le gingembre ; faites revenir à feu moyen jusqu'à ce que les légumes deviennent tendres.

3 Ajoutez le riz, l'omelette, et les ingrédients restant ; faites revenir en remuant, afin que les saveurs se mélangent et que le tout soit bien chaud.

Par portion lipides 10,8 g ; 1 586 kJ

Étalez le riz sur une plaque pour le faire refroidir.

Faites tourner les œufs dans le wok pour les cuire en omelette.

Versez les légumes dans le wok.

Le poulet

Ce qu'il faut savoir…

La façon la plus simple de savoir si le blanc de poulet poché est cuit consiste à retirer un morceau de la casserole et à le découper dans sa partie la plus épaisse. Si la viande a une texture blanche et égale, c'est qu'elle est cuite ; si la viande est rosée, remettez le morceau à cuire dans son jus. Le poulet encore chaud se tranche beaucoup plus facilement que lorsqu'il est froid.

Quel que soit le morceau de poulet que vous utilisez, si vous laissez la peau dessus, la quantité de lipides de la portion en sera considérablement augmentée.

Le poulet se rétracte légèrement à la cuisson, il vous faut donc découper des morceaux un peu plus grands que la taille finale que vous voulez obtenir.

Les filets pris dans la cuisse se cuisinent volontiers en ragoût : la viande y est plus goûteuse que le blanc, et sa plus grande teneur en gras l'empêche de se dessécher en mijotant. En cocotte, les autres morceaux doivent cuire moins longtemps : les blancs auront le même temps de cuisson à condition d'être découpés de la même façon que les filets dans la cuisse. Par contre, si vous laissez les os, comme dans la cuisse entière ou le pilon, vous devez compter un temps de cuisson plus long.

Poulet rôti

Pour 4 personnes.

PRÉPARATION 30 MINUTES • CUISSON 1 H 30

Vous pouvez donner à cette recette classique de poulet rôti une petite saveur asiatique en utilisant de la coriandre fraîche et de la citronnelle à la place des fines herbes traditionnelles (voir Les astuces du chef).

1 poulet de 1,5 kg
100 g de coriandre fraîche
2 brins de citronnelle grossièrement hachés
2 citrons verts en quartiers
un peu d'huile
1 c. c. de sel

1 Préchauffez le four à température moyenne. Lavez l'intérieur du poulet sous l'eau froide ; essuyez à l'aide de papier absorbant.

2 Lavez la coriandre à l'eau froide. Hachez-la coriandre ; garnissez l'intérieur du poulet avec la coriandre, la citronnelle et 4 quartiers de citron vert.

3 Pliez les ailes sous le poulet ; fermez l'ouverture avec la peau du cou en vous servant de cure-dents. Attachez les pattes ensemble avec de la ficelle de cuisine.

4 Disposez le poulet sur le ventre, sur une grille placée dans un plat allant au four ou une lèchefrite. Vaporisez de l'huile sur le poulet, et saupoudrez de sel.

5 Versez de l'eau dans la lèchefrite, à hauteur de 1 cm. Faites griller le poulet, sans le couvrir, à four modéré, pendant 1 h 30 ; si après 1 heure de cuisson le poulet est déjà un peu trop doré, recouvrez-le de papier d'aluminium.

6 Retirez les cure-dents, la ficelle et les herbes que vous aviez mises à l'intérieur du poulet. Servez le poulet tel quel, ou découpé et décoré de quartiers de citron vert.

Par portion lipides 28,6 g ; 1 746 kJ

Suggestions de présentation Pour continuer sur le thème asiatique, vous pouvez servir le poulet avec du riz à la vapeur et du chou chinois sauté à l'ail et au gingembre.

Hachez les fines herbes.

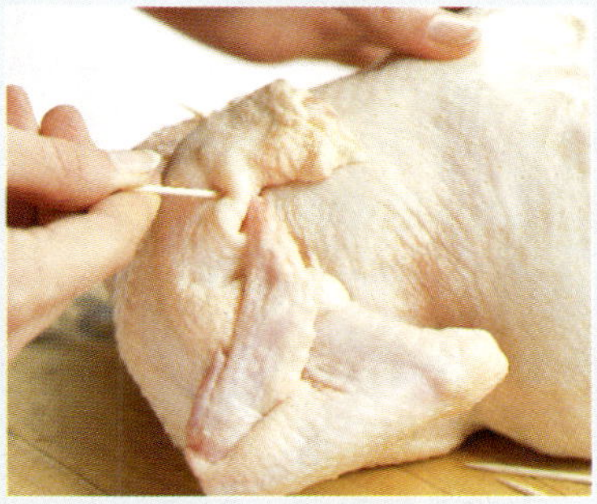

Fermez l'orifice à l'aide de cure-dents.

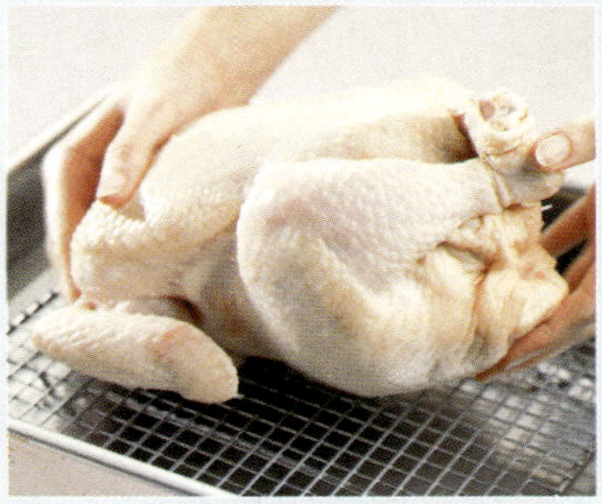

Placez le poulet sur une grille au-dessus d'une lèchefrite.

Les astuces du chef

- Choisissez un poulet dodu, de bonne qualité ; nous vous conseillons d'acheter ceux qui sont élevés en plein air et nourris au grain.
- Pour un goût authentique, vous pourrez remplacer les citrons verts par des citrons kaffir que vous trouverez, avec la citronnelle, dans les supermarchés asiatiques.
- Pour savoir si le poulet est cuit, piquez la jointure de la cuisse avec une brochette en métal ; le jus qui s'écoule alors doit être transparent.

Poulet à la provençale

Pour 4 personnes.

PRÉPARATION 20 MINUTES • CUISSON 45 MINUTES

Nous avons utilisé une sauce tomate « à la provençale » toute faite, aux anchois et aux olives, mais faites vous-mêmes vos essais afin de trouver votre saveur préférée.

Faites cuire le poulet par petites quantités.

Ajoutez la sauce tomate au poulet.

1 kg de blancs de poulet
2 c. s. d'huile d'olive
1 oignon (150 g) grossièrement haché
2 gousses d'ail hachées
125 ml de xérès
500 g de sauce tomate en bocal
100 g de persil
50 g d'olives noires dénoyautées

1 Enlevez la peau et le gras des blancs de poulet, puis découpez-les en morceaux d'environ 3 cm de côté.

2 Faites chauffer la moitié de l'huile d'olive dans une grande sauteuse ; par petites quantités, faites revenir le poulet à feu vif en remuant fréquemment. Quand le poulet est doré, égouttez-le sur du papier absorbant.

3 Faites chauffer le restant d'huile dans la même sauteuse et faites revenir l'oignon et l'ail, à feu moyen en remuant pendant 5 minutes, jusqu'à ce que l'oignon soit fondant. Remettez le poulet dans la sauteuse, versez le xérès et la sauce tomate. Couvrez et amenez à ébullition ; laissez ensuite frémir, avec un couvercle, pendant 20 minutes, jusqu'à ce que le poulet soit cuit.

4 Pendant ce temps, hachez finement le persil.

5 Ôtez le couvercle de la sauteuse et laissez cuire encore 10 minutes afin que la sauce épaississe. Ajoutez le persil et les olives. Servez immédiatement.

Par portion lipides 21,7 g ; 2 097 kJ

Suggestions de présentation Servez le poulet à la provençale accompagné de pâtes ou de pain frais, et d'une salade verte composée (recette page 96) ou de légumes à la vapeur.

Les astuces du chef

- Afin que le poulet reste tendre et juteux, faites-le dorer en 4 fois. Si vous en mettez trop à la fois dans la sauteuse, cela risque de réduire la température dans la casserole et le poulet sera plus cuit que doré, et donc plus coriace. Ne vous attendez pas à ce que les morceaux cuisent complètement à ce stade de la recette.
- Utilisez une sauteuse à couvercle, afin que la sauce n'épaississe pas trop tôt ni trop vite.
- Dommage pour la touche provençale, mais vous pouvez bien sûr remplacer l'huile d'olive par toute autre huile ; vous pouvez également mouiller la sauce avec du vin rouge ou du bouillon de poule à la place du xérès.
- Cette recette peut être réalisée à l'avance jusqu'à l'étape 3. Laissez refroidir le poulet pendant 10 minutes, placez-le dans un récipient que vous mettrez au réfrigérateur pendant qu'il est encore chaud. Pour congeler le poulet, faites-le refroidir au réfrigérateur d'abord.

Brochette de poulet

Pour 4 personnes.

PRÉPARATION 20 MINUTES • CUISSON 25 MINUTES

Cette recette est parfaite pour un buffet avec beaucoup de convives. Comptez 3 brochettes par personne. Vous pouvez confectionner les brochettes de poulet mariné et les congeler en les emballant dans du film étirable. Faites les décongeler au réfrigérateur la veille du jour où vous souhaitez les faire griller.

Plongez le poulet dans la marinade.

Mélangez le lait de coco à la marinade.

Disposez les brochettes sur une plaque de four.

750 g de blancs de poulet
200 g de beurre de cacahuètes
160 ml de bouillon de poule
2 c. s. de miel
2 c. s. de sauce de soja
1 c. s. de pâte de curry
1 c. s. de jus de citron
400 g de riz
250 ml de lait de coco

1 Découpez le poulet en dés de 2 cm de côté ; dans un grand saladier, mélangez le beurre de cacahuètes, le bouillon, le miel, la pâte de curry et le jus de citron ; versez les morceaux de poulet dans ce mélange, et remuez afin que le poulet s'imprègne bien de la marinade. Couvrez et laissez reposer 1 heure à une nuit.

2 Juste avant de servir, rincez le riz à l'eau froide dans une grande passoire jusqu'à ce que l'eau soit claire. Versez le riz dans 750 ml d'eau bouillante, et amenez l'eau à ébullition en remuant. Couvrez et laissez frémir 15 minutes sans soulever le couvercle. Laissez ensuite reposer le riz pendant 5 minutes, toujours couvert.

3 Pendant ce temps, retirez les morceaux de poulet de la marinade ; réservez celle-ci. Enfilez les morceaux de poulet sur 12 brochettes de bambou ; disposez les brochettes en une seule couche sur une plaque de four recouverte de papier d'aluminium. Mettez sous le gril chaud pendant 4 minutes environ de chaque côté, jusqu'à ce que le poulet soit doré et cuit.

4 Pendant que les brochettes grillent, versez la marinade dans une petite casserole avec le lait de coco ; faites bouillir en remuant pendant 5 minutes.

5 Servez les brochettes accompagnées du riz et de la sauce dans un bol séparé.

Par portion lipides 44,6 g ; 4 271 kJ

Suggestions de présentation Vous pouvez accompagner ce plat de légumes asiatiques sautés ou à la vapeur : chou chinois, haricots longs ou mange-tout. Le concombre coupé en bâtonnets se marie bien à la saveur de la sauce.

Les astuces du chef

- Faites tremper les brochettes de bambou dans l'eau pendant 1 heure au moins avant d'enfiler les morceaux de poulet ; ainsi elles ne brûleront pas pendant la cuisson, et vous ne risquerez pas de vous piquer à une écharde quand vous garnirez les brochettes.
- « Relevez » la marinade : ajoutez de la citronnelle finement hachée, de la coriandre, 1 ou 2 piments rouges. Juste avant de servir, parsemez le riz de coriandre ou d'un petit oignon blanc finement haché.
- Veillez à bien faire bouillir la marinade pendant 5 minutes : autrement votre sauce sera au jus de poulet cru.
- Le riz basmati convient bien aux recettes asiatiques ; cependant, vous pouvez utiliser toute autre sorte de riz blanc.

Les astuces du chef

- Vous pouvez cuisiner votre propre bouillon de poule (voir recette page 30) ou utiliser un bouillon tout fait. Si vous préférez le bouillon de légumes, parfumez-le avec un brin de citronnelle finement haché.
- Essayez différentes variétés de nouilles : hokkien, sautées, ou de riz. Veillez à bien suivre les indications de cuisson pour chaque nouvel ingrédient.
- Il est important de chauffer le wok ou la poêle avant d'ajouter l'huile. Cela empêche le poulet de cuire et de durcir. Faites revenir le poulet en petites quantités, afin de maintenir le wok le plus chaud possible, ce qui évite au poulet de perdre son jus et de devenir caoutchouteux. En faisant revenir les morceaux en plusieurs fois, vous surveillerez aussi mieux la cuisson. Il suffit que le poulet soit doré, puisqu'on le remet ensuite à cuire.

Poulet sauté au citron

Pour 4 personnes.

PRÉPARATION 20 MINUTES • CUISSON 25 MINUTES

Tout le monde aime le poulet au citron, c'est pourquoi nous avons mis au point cette recette futée qui fera votre succès. Vous pouvez selon vos goûts oublier les nouilles et servir le poulet avec du riz blanc nature.

700 g de blancs de poulet
80 ml de jus de citron
1 c. s. de sucre roux
1 c. s. de gingembre râpé
2 gousses d'ail hachées
2 c. s. d'huile
250 g de vermicelles
1 oignon (150 g) finement émincé
1 poivron rouge moyen (200 g) finement émincé
1 branche de céleri (75 g) sans les feuilles finement émincée
4 petits oignons blancs finement émincés
200 g de feuilles de coriandre

Sauce au citron

1 c. c. de maïzena
1 c. c. de zeste de citron
80 ml de jus de citron
500 ml de bouillon de poule
60 ml de miel liquide
1 c. c. de purée de piment

1 Découpez le poulet en tranches fines, si possible égales. Dans un grand saladier, mélangez le jus de citron, le sucre, le gingembre, l'ail et 1 cuillerée à soupe d'huile. Remuez afin que le poulet soit bien recouvert par la marinade. Couvrez le saladier et laissez-le reposer au réfrigérateur pendant 1 heure au moins ou 1 nuit si possible.

2 Juste avant de servir, faites cuire les nouilles dans une grande casserole d'eau bouillante, sans couvrir. Égouttez-les dans une grande passoire.

3 Versez le restant de l'huile dans un wok ou une grande poêle ; faites revenir le poulet mariné, par petites quantités, jusqu'à ce qu'il soit doré et presque cuit. Retirez les morceaux du wok. Faites ensuite revenir l'oignon, le poivron, le céleri et l'oignon nouveau à température moyenne, jusqu'à ce qu'ils soient dorés.

4 Ajoutez alors le poulet, la sauce au citron et les nouilles ; faites revenir à feu moyen en remuant ; la sauce doit bouillir et épaissir légèrement. Retirez du feu et ajoutez les feuilles de coriandre juste avant de servir.

Sauce au citron Mélangez au fouet la maïzena, le zeste de citron et un peu du jus de citron dans un petit récipient. Ajoutez ensuite le restant du jus de citron, le miel, le bouillon et le purée de piment.

Par portion lipides 19,7 g ; 2 901 kJ

Coupez le poulet en fines tranches.

Faites cuire les nouilles dans l'eau bouillante.

Faites revenir les légumes.

Mélangez la maïzena et le jus de citron.

Salade de poulet à la vietnamienne

Pour 4 personnes.

PRÉPARATION 45 MINUTES • CUISSON 15 MINUTES

Cette salade fera un plat principal parfait à servir par une chaude soirée d'été. Accompagnez-la de beignets de crevette croquants, que vous trouverez déjà frits mais froids dans n'importe quel magasin asiatique. Vous pouvez également les acheter crus et les faire frire comme les galettes de pain indiennes (voir page 70). Un bouquet de menthe et de la coriandre fraîche dans cette recette serait un plus.

Pochez le poulet.

Découpez le poulet en fines tranches.

Râpez les carottes et autres ingrédients.

500 g de blancs de poulet
60 ml d'huile
60 ml de vinaigre blanc
2 c. c. de nuoc mâm
1 c. c. de zeste de citron
60 ml de jus de citron
2 petits piments rouges épépinés et finement hachés
2 gousses d'ail hachées
2 c. s. de sucre roux
200 g de menthe grossièrement hachée
500 g de chou chinois finement émincé
2 carottes moyennes (240 g) grossièrement râpées
6 petits oignons blancs finement émincés
35 g de cacahuètes grillées non salées et grossièrement hachées

1 Faites pocher le poulet dans une sauteuse contenant 1 l d'eau bouillante ; dès que l'eau se remet à bouillir, baissez le feu et laissez frémir sans couvrir, environ 15 minutes, jusqu'à ce que le poulet soit cuit.

2 Versez les morceaux de poulet dans une passoire placée au-dessus d'un grand saladier. Réservez l'eau de cuisson pour un autre usage. Quand le poulet est tiède, tranchez-le.

3 Mélangez l'huile, le vinaigre, le nuoc mâm, le zeste et le jus de citron dans un grand saladier ; ajoutez le piment, l'ail et le sucre ; remuez pour faire fondre le sucre. Ajoutez toute la menthe et environ les deux tiers de la coriandre. Remuez délicatement.

4 Dans le saladier, versez les morceaux de poulet, le chou et les carottes. Remuez. Servez la salade dans des coupelles individuelles et parsemez de coriandre, de petit oignon blanc et de cacahuètes.

Par portion lipides 23,3 g ; 1 968 kJ

LES ASTUCES DU CHEF

- Si vous êtes pressé, achetez un poulet grillé et découpez les blancs.
- Vous pouvez congeler le liquide de cuisson du poulet, et vous en servir ultérieurement pour faire cuire du riz ou autres céréales, ou encore pour diluer une sauce ; ce bouillon remplacera le vin dans une sauce bolognaise ; vous y ferez cuire les légumes que vous avez l'intention de servir en accompagnement de cette salade.
- Pour vous avancer, vous pouvez pocher et découper le poulet à l'avance.
- La sauce de poisson vietnamienne est souvent appelée nuoc mâm ; mais la version thaïlandaise, le naam pla, est pratiquement identique. Un tout petit piment rouge fera l'affaire, et si vous voulez obtenir un plat encore plus pimenté, laissez les graines dans les piments. Pour les épépiner, par contre, n'oubliez pas de mettre des gants jetables, vous risquez autrement de vous brûler les mains. Vous pouvez également remplacer le piment par 1 ou 2 cuillerées à café de purée de piment.
- En râpant le zeste du citron, veillez à ne pas garder la partie blanche, très amère.

La viande

Ce qu'il faut savoir…

Pour les marinades, préférez les récipients en verre plutôt qu'en plastique ; ces derniers risquent d'être tachés par les ingrédients, et de rester imprégnés par leurs odeurs. Veillez à bien recouvrir la viande de la sauce, puis couvrez d'un film étirable avant de laissez reposer au réfrigérateur.

En cours de cuisson, ne retournez la viande qu'une fois, elle risque autrement de durcir.

Avant de servir la viande cuite, laissez-la reposer sur un plat, soigneusement recouverte de papier d'aluminium. Toutes les viandes ont besoin d'un temps de repos égal au temps de cuisson, à l'exception des rôtis, qu'on sert 10 à 15 minutes après la cuisson. Ce temps permet à la viande de « se relaxer », et au jus de « se calmer » ; vous découperez la viande plus facilement.

Si la recette précise que vous devez cuire la viande en petites quantités, veillez à ce que la poêle et l'huile restent chaudes entre deux cuissons ; dans le cas contraire, la viande perdra son jus, et toute sa saveur s'évaporera. C'est également la raison pour laquelle nous vous conseillons de ne pas faire cuire trop de viande à la fois dans la poêle. Et ne paniquez pas, la viande doit être seulement dorée, le reste de la cuisson se fera à une étape suivante de la recette.

Porc sauté et nouilles

Pour 4 personnes.

PRÉPARATION 30 MINUTES • CUISSON 10 MINUTES

La cuisson étant très rapide quand on fait sauter de la viande, il vaut mieux choisir un morceau qui n'a pas besoin de cuire longtemps ; nous vous conseillons, pour cette recette, du filet de porc en fines tranches ou de l'échine.

450 g de nouilles fraîches aux œufs
1 c. s. d'huile
1 gousse d'ail hachée
1 1/2 c. c. de cinq-épices
500 g de filet de porc en fines tranches
2 petits poivrons rouges (300 g) émincés en diagonale
3 c. s. de sauce de soja
2 c. c. d'huile de sésame (facultatif)
2 c. c. de maïzena
330 ml de bouillon de poule
5 petits oignons blancs finement émincés
600 g de chou chinois émincé

Tranchez le porc à contre-fibre.

1. Placez les nouilles dans un grand saladier ; versez dessus de l'eau bouillante ; couvrez et laissez reposer 3 minutes après avoir séparé les nouilles à l'aide d'une fourchette. Égouttez-les dans une passoire et réservez.
2. Versez la moitié de l'huile dans un wok chauffé ou une grande poêle ; faites rapidement revenir l'ail et les cinq-épices, jusqu'à ce que l'odeur monte dans la cuisine. Ajoutez le porc en petites quantités et faites-le revenir à feu vif jusqu'à ce qu'il soit doré et presque cuit. Retirez du wok.
3. Versez le restant d'huile dans le wok et faites revenir les poivrons pendant 1 minute.
4. Versez à nouveau le porc dans le wok ; ajoutez la sauce de soja, l'huile de sésame et le bouillon de poule dans lequel vous aurez mélangé la maïzena. Faites revenir à feu vif en remuant jusqu'à ce que la sauce commence à bouillir et épaississe légèrement.
5. Ajoutez les nouilles, l'oignon et le chou, et faites revenir à feu vif jusqu'à ce que tout soit bien chaud.

Par portion lipides 10,3 g ; 1 699 kJ

Les astuces du chef

- Pour cette recette, vous pouvez utiliser n'importe quelle variété de nouilles asiatiques, voire du riz. Veillez simplement à suivre les indications de cuisson.
- L'ail brûle facilement, il faut donc le faire revenir très rapidement.
- Pour changer de saveur, remplacez les cinq-épices par 1 cuillerée à soupe de sauce hoisin ; faites chauffer l'ail et la sauce hoisin 1 minute dans le wok avant d'ajouter le porc. Vous pouvez également vous passer de l'huile de sésame si vous n'en aimez pas le goût (ou si vous surveillez scrupuleusement votre apport de lipides).
- Pour bien mélanger la maïzena au bouillon, versez-la dans un verre mesureur et ajoutez le bouillon par très petites quantités (servez-vous d'une cuillère à café) en remuant continuellement.

Coupez les poivrons en diagonale.

Émincez le chou à l'aide d'un grand couteau.

Escalopes de veau à l'italienne

Pour 4 personnes.

PRÉPARATION 25 MINUTES • CUISSON 10 MINUTES

Certains bouchers vendent des escalopes de veau déjà amincies ; dans ce cas, sautez l'étape 2. Nous avons utilisé de la mozzarella, mais vous pouvez la remplacer par du fromage râpé spécial pizza ou, mieux encore, par des tranches de bocconcini frais. Ce plat de viande assez riche s'accompagnera bien de riz cuit à la vapeur ou de pâtes nature, comme des fettucine, avec une salade verte au vinaigre balsamique et à l'huile d'olive.

300 g d'épinards
4 escalopes de veau (500 g)
35 g de farine
30 g de beurre
1 c. s. d'huile d'olive
500 ml de sauce tomate en bocal
250 g de mozzarella en tranches épaisses

1 Enlevez les tiges des épinards, rincez les feuilles à l'eau froide. Essuyez et rincez à nouveau. Égouttez dans une passoire.
2 Placez le veau entre deux feuilles de film étirable ; martelez la viande pour obtenir des escalopes fines ; enlevez le film plastique.
3 Versez la farine dans un plat légèrement creux. Posez les escalopes une par une dans la farine en veillant à ce que les 2 côtés soient bien farinés ; secouez pour faire tomber l'excédent de farine. Réservez les escalopes sur une assiette ou une planche à découper.
4 Mettez une grande poêle (à couvercle) sur feu vif ; ajoutez le beurre. Quand le beurre commence à grésiller, versez les épinards ; couvrez immédiatement, éteignez le feu. Laissez les épinards dans la poêle 3 minutes sans soulever le couvercle.
5 Reversez les épinards dans la passoire afin qu'ils s'égouttent ; essuyez la poêle à l'aide de papier absorbant. Remettez-la sur feu vif et ajoutez l'huile ; faites tourner la poêle afin que tout le fond soit parfaitement huilé. Faites cuire les escalopes, une par une, sans couvrir, jusqu'à ce que les 2 côtés soient dorés. Égouttez-les sur du papier absorbant.
6 Versez la sauce tomate dans la même poêle ; amenez à ébullition et placez les escalopes en une seule couche, sur la sauce ; recouvrez chaque escalope d'un quart des épinards égouttés puis d'une tranche de fromage. Couvrez. Laissez le tout frémir pendant 1 minute, jusqu'à ce que le fromage soit fondu.
7 Servez chaque escalope entourée de sauce sur une assiette.

Par portion lipides 27 g ; 2 142 kJ

Farinez les escalopes.

Faites revenir les épinards.

Dorez les escalopes de chaque côté.

Les astuces du chef

- Si vous aimez cuisiner avec du sel et du poivre, assaisonnez la farine.
- Pour cette recette, faites chauffer les assiettes de vos convives pendant 10 minutes dans le four à température basse.
- Vous pouvez également utiliser de jeunes pousses d'épinards, qui n'ont pas besoin d'être épluchées et se lavent en une seule fois.
- Le veau n'étant pas très gras, la cuisson doit être rapide (cette viande durcit si vous la faites trop cuire). C'est pourquoi il faut obtenir des escalopes minces. Ne retournez les escalopes qu'une fois pendant la cuisson.

Recouvrez les escalopes d'épinards et de fromage.

Les astuces du chef

- Comme en Thaïlande, nous cuisons le bœuf à point. Pour éviter que la viande ne durcisse, ne la retournez qu'une seule fois.
- Vous pouvez remplacer les oignons par des échalotes ou des petits oignons blancs.
- Si vous n'avez pas de robot pour faire la sauce, hachez finement le piment, la citronnelle, la coriandre, ajoutez l'ail haché et les autres ingrédients dans un bocal fermé et remuez bien. La sauce peut être faite un jour à l'avance et conservée au réfrigérateur.
- Mélangez la viande et les légumes juste avant de servir : le bœuf doit être encore bien chaud, mais les herbes doivent rester croquantes sans ramollir à la chaleur.

Effeuillez les herbes.

Appuyez légèrement sur la viande pour savoir si elle est cuite.

Épépinez le concombre.

Émincez le bœuf à contre-fibre.

Salade de bœuf thaïlandaise

Pour 4 personnes.

PRÉPARATION 25 MINUTES • CUISSON 7 MINUTES

À moins d'avoir toutes ces fines herbes dans votre jardin, vous aurez besoin d'un bouquet de basilic, de deux bouquets de coriandre, d'un bouquet de menthe et de deux brins de citronnelle.

400 g de rumsteck
2 petits oignons blancs (160 g)
2 petits concombres (260 g)
250 g de tomates cerises
1 gros piment rouge épépiné et finement émincé
1 bouquet de basilic
1 bouquet de coriandre
1 bouquet de menthe

Sauce à l'ail

2 gros piments rouges épépinés et grossièrement hachés
2 c. s. de citronnelle grossièrement hachée
1 bouquet de coriandre
3 gousses d'ail coupées en quatre
80 ml de jus de citron
1 c. s. de nuoc mâm
1 c. s. de sauce de soja

1 Faites griller le bœuf au gril ou au barbecue pendant 5 à 10 minutes, jusqu'à ce qu'il soit doré des deux côtés et cuit comme vous le désirez. Laissez reposer la viande à couvert 5 à 10 minutes.

2 Pendant ce temps, émincez finement les oignons. Coupez les concombres non épluchés en deux et épépinez-les à l'aide d'une cuillère. Émincez-les finement. Coupez en deux les tomates cerises. Mélangez ces légumes dans un grand saladier.

3 Découpez le bœuf en fines tranches à contre fibre ; ajoutez le bœuf et la sauce à l'ail aux légumes et remuez délicatement.

Sauce à l'ail Mixez les ingrédients jusqu'à ce qu'ils soient finement hachés.

Par portion lipides 7 g ; 800 kJ

Suggestions de présentation La salade de bœuf thaïlandaise peut faire partie d'un repas ou d'un buffet asiatique si elle est accompagnée de nombreuses autres préparations ; on peut également la servir en plat principal pour un repas léger.

Bœuf bourguignon

Pour 4 personnes.

PRÉPARATION 35 MINUTES • CUISSON 2 H 30

Si vous préparez votre propre bouillon de bœuf (voir page 116), cette variante de notre classique recette française n'en aura que plus de saveur. Cuisinez ce plat un ou deux jours à l'avance, et laissez-le reposer au réfrigérateur, couvert, toute une nuit, il n'en sera que meilleur.

Ôtez les racines des oignons.

Effeuillez l'origan.

Faites dorer le bœuf en plusieurs fois.

1 kg de filet de bœuf pris dans le collier
8 petits oignons blancs (200 g)
3 tranches de lard
300 g de petits champignons de Paris
1 c. s. d'huile d'olive
30 g de beurre
1 gousse d'ail hachée
35 g de farine
250 ml de bouillon de bœuf
250 ml de vin rouge
2 feuilles de laurier
1 c. s. de sucre roux
2 c. s. d'origan finement ciselé

1 Enlevez le plus possible de graisse du bœuf ; coupez la viande en cubes de 3 cm de côté. Pelez les oignons en ôtant la racine, mais de manière à laisser l'oignon entier. Enlevez la couenne du lard et hachez celui-ci grossièrement. Coupez le pied des champignons.

2 Faites chauffer l'huile dans une cocotte et faites revenir les morceaux de bœuf en petites quantités. Réservez.

3 Faites chauffer le beurre dans la cocotte et faites dorer les oignons, le lard, les champignons et l'ail à feu moyen en remuant constamment.

4 Saupoudrez les légumes de farine et laissez sur le feu en continuant à remuer jusqu'à ce que la farine brunisse légèrement. Retirez du feu et ajoutez peu à peu le bouillon puis le vin.

5 Remettez la cocotte sur le feu ; faites cuire en tournant jusqu'à ce que la sauce bout et épaississe. Ajoutez les morceaux de bœuf et le jus, les feuilles de laurier et le sucre ; portez à ébullition. Laissez frémir avec un couvercle, environ 2 heures jusqu'à ce que le bœuf soit tendre, en remuant toutes les 30 minutes.

6 Ôtez les feuilles de laurier ; ajoutez la moitié de l'origan ; le restant servira à décorer le plat au moment de servir.

Par portion lipides 24,5 g ; 2 408 kJ

Suggestions de présentation Ce plat déjà riche en lui-même se contente en accompagnement d'une bonne baguette croustillante et d'une salade verte toute fraîche à l'huile et au vinaigre ; mais vous pouvez également le servir avec des pâtes ou de la purée de pommes de terre maison.

Les astuces du chef

- À la place du collier, vous pouvez utiliser également du gîte ou du flanchet.
- Pas besoin d'éplucher les champignons. Il suffit de couper l'extrémité terreuse et d'essuyer le chapeau à l'aide de papier absorbant humide afin de retirer la terre qui peut être collée.
- Veillez à ce que le beurre soit fondu et chaud avant d'ajouter les oignons, le lard, les champignons et l'ail, mais surtout ne le laissez pas brûler.
- Si vous n'avez pas le temps de préparer votre bouillon, utilisez un bouillon tout fait ou encore versez 250 ml d'eau bouillante sur un cube de bouillon émietté. N'ajoutez le sel et le poivre qu'après avoir mis le bouillon cube, souvent très salé lui-même.
- Faites cuire le bourguignon dans une cocotte épaisse à couvercle adapté, afin que le liquide ne s'évapore pas en cours de cuisson.
- Pendant 2 heures, ce ragoût doit frémir doucement. Assurez-vous qu'il ne bout pas en allant voir à peu près toutes les demi-heures, et baissez le feu si besoin. Pour faire mijoter, les diffuseurs de chaleur sont utiles, en particulier avec les cuisinières à gaz.

Sauce à la viande

Pour 4 personnes.

PRÉPARATION 15 MINUTES • CUISSON 40 MINUTES

1 c. s. d'huile d'olive
1 gros oignon (200 g) finement haché
1 gousse d'ail hachée
500 g de bœuf haché
800 g de pulpe de tomates en boîte
80 g de concentré de tomates
1 1/2 c. c. de sucre
250 ml de bouillon de bœuf

1 Faites chauffer l'huile dans une grande casserole ; faites revenir l'oignon et l'ail en remuant jusqu'à ce que l'oignon soit fondant. Ajoutez la viande hachée et faites cuire à feu moyen jusqu'à ce que la viande soit cuite en remuant fréquemment.

2 Ajoutez les tomates et leur jus, le concentré, le sucre et le bouillon, et portez le tout à ébullition ; laissez frémir sans couvrir, en remuant de temps à autre pendant 25 minutes environ ou jusqu'à ce qu'il reste très peu de liquide.

Par portion lipides 18,9 g ; 1 403 kJ

Les astuces du chef

- Vous pouvez facilement congeler la sauce à la viande en petites portions, et la décongeler pour la servir sur des toasts par exemple. Cette sauce peut se garder 2 mois au congélateur.
- Si vous avez le temps, préparez un bouillon de bœuf maison (voir page 116). Vous pouvez également remplacer le bouillon par du vin rouge.
- Un oignon blanc ou rouge remplacera avantageusement le jaune.
- Pour rehausser le parfum de la sauce bolognaise, ajoutez juste avant de servir 1 ou 2 cuillerées à soupe de basilic ou d'origan finement ciselé ; le chili con carne sera relevé par 2 cuillerées à café de cumin moulu.

Chili con carne

Pour 4 personnes.

PRÉPARATION 5 MINUTES
CUISSON 10 MINUTES

420 g de haricots rouges en boîte, rincés et égouttés

3 piments rouges épépinés et finement hachés

sauce à la viande pour 4 personnes

Dans une grande casserole, mélangez les haricots, les piments et la sauce à la viande ; portez à ébullition et laissez frémir, sans couvrir, environ 5 minutes jusqu'à ce que le mélange soit bien chaud.

Par portion lipides 19,5 g ; 1 765 kJ

Suggestions de présentation
Servez le chili avec des chips de maïs, ou des tortillas passées au four et découpées en lamelles ; ou encore dans une tortilla de maïs bien chaude recouverte de crème fraîche et de purée d'avocats.

L'ASTUCE DU CHEF

Rincez soigneusement les haricots rouges. Vous pouvez également utiliser une boîte de haricots frits.

Spaghettis bolognaise

Pour 4 personnes.

PRÉPARATION 2 MINUTES
CUISSON 10 MINUTES

500 g de spaghettis

sauce à la viande pour 4 personnes

50 g de parmesan

1 Faites cuire les spaghettis dans une grande casserole d'eau bouillante, sans couvrir, jusqu'à ce qu'ils soient *al dente* ; égouttez-les.
2 Pendant ce temps, réchauffez la sauce à la viande.
3 À l'aide d'un épluche-légumes, découpez le parmesan en copeaux.
4 Servez les spaghettis nappés de sauce et parsemés de copeaux de parmesan.

Par portion lipides 24,3 g ; 3 422 kJ

Coupez le parmesan en copeaux.

Nachos

Pour 4 personnes.

PRÉPARATION 15 MINUTES
CUISSON 30 MINUTES

Vous trouverez des assaisonnements pour tacos tout préparés en supermarchés.

35 g d'assaisonnement pour tacos

la moitié de la sauce à la viande

1 avocat moyen (250 g)

1 c. c. de tabasco

2 c. c. de jus de citron

1 paquet de chips de maïs nature (250 g)

185 g de gruyère râpé

160 ml de crème fraîche

1 Dans une grande casserole, mélangez la sauce à la viande et l'assaisonnement tout prêt et portez à ébullition ; laissez frémir sans couvrir pendant 5 minutes.
2 Pendant ce temps, dans un petit bol, écrasez l'avocat à la fourchette ; ajoutez le tabasco et le jus de citron.
3 Disposez les chips de maïs dans 4 assiettes allant au four ; versez sur les chips 2 cuillerées à soupe de fromage râpé, un quart de la sauce à la viande. Parsemez du reste de gruyère et placez 1 ou 2 assiettes à la fois dans le four sous le gril pendant 5 minutes, jusqu'à ce que le fromage soit fondu. Pour servir, ajoutez sur le dessus, de la purée d'avocats et de la crème fraîche.

Par portion lipides 67,8 g ; 3 842 kJ

L'ASTUCE DU CHEF

Préparez la purée d'avocats quelques heures à l'avance et laissez reposer, bien couvert, au réfrigérateur.

Osso buco

Pour 4 personnes.

PRÉPARATION 20 MINUTES • CUISSON 1 H 45 À 2 HEURES

Les bouchers appellent ces morceaux « osso buco » ou jarret de veau. Il s'agit effectivement de jarret en tranches de 3 à 5 cm d'épaisseur.

« Osso buco » signifie « os troué » en italien, sans doute pour rappeler que la moelle qui cuit dans l'os est une des choses les plus fines que l'on puisse manger. Ce plat de viande braisé et de légumes mijotés vient de Lombardie, région au nord de l'Italie autour de Milan ; on sert généralement l'osso buco avec un risotto (voir recette page 29). Nous l'avons accompagné d'une polenta onctueuse.

Pelez les tomates.

50 g de farine

8 morceaux de jarret de veau (environ 1 kg)

2 c. s. d'huile d'olive

3 grosses tomates olivettes (270 g) pelées et hachées

125 ml de vin blanc sec

2 gousses d'ail hachées

500 ml de bouillon de poule

Polenta

1,5 l d'eau

2 c. c. de sel

250 g de semoule de maïs ou polenta

125 ml de lait

Persillade au citron

100 g de persil finement ciselé

2 c. c. de zeste de citron

2 gousses d'ail finement hachées

Farinez le veau à l'aide d'un sac en plastique.

Disposez les morceaux sur la tranche dans la cocotte.

Couvrez l'osso buco de papier sulfurisé.

Les astuces du chef

- Il est très important de faire bien dorer les morceaux de veau ; c'est ce qui donne sa couleur et sa saveur à l'osso buco. Veillez à ce que l'huile soit bien chaude avant de placer les morceaux dans la cocotte.
- Vous replacerez le veau dans la cocotte en mettant les morceaux sur la tranche et bien serrés les uns contre les autres, de façon que la moelle ne puisse pas s'échapper de l'os.
- Le papier sulfurisé maintient les morceaux de veau en place et ralentit l'évaporation.
- Vous pouvez remplacer les tomates fraîches par une boîte de 400 g de pulpe de tomates.
- L'osso buco fait partie de ces plats géniaux qui sont encore meilleurs après une nuit au réfrigérateur. Vous pouvez également le congeler sans qu'il perde sa saveur ou sa texture.

1 Versez la farine dans un sac en plastique, ajoutez sel et poivre si vous le désirez. Mettez un par un les morceaux de veau dans le sac, et secouez pour les fariner. Retirez les morceaux du sac, éliminez tout excédent de farine.

2 Préchauffez le four à température moyenne.

3 Dans une cocotte allant au four, faites chauffer l'huile à feu vif en inclinant le récipient afin que l'huile recouvre bien le fond. Faites revenir le veau par petites quantités, jusqu'à ce qu'il soit doré et presque croquant des 2 côtés.

4 Une fois que tous les morceaux sont dorés, remettez-les dans la cocotte en les disposant sur la tranche et bien serrés en une seule couche. Ajoutez les tomates, le vin, l'ail et le bouillon ; ajoutez de l'eau si nécessaire, le liquide doit tout juste recouvrir les morceaux de veau. Portez à ébullition, puis recouvrez le veau d'un rond de papier sulfurisé découpé à la taille de la cocotte. Mettez le couvercle et faites cuire l'osso buco à four lent pendant 1 h 30.

5 Après 1 heure de cuisson, vérifiez la sauce dans la cocotte ; si elle est trop liquide, sortez la cocotte du four et continuez la cuisson sur la cuisinière en laissant frémir sans couvrir jusqu'à ce que la sauce réduise et épaississe légèrement. Remettez la cocotte dans le four pour 30 minutes. Préparez la polenta pendant que l'osso buco cuit.

6 Servez la polenta dans les assiettes des convives, puis l'osso buco. Saupoudrez de persillade au citron.

Polenta Faites bouillir de l'eau salée dans une grande casserole à feu vif. Quand l'eau bout, versez lentement la semoule de maïs en remuant constamment ; baissez le feu et laissez frémir la polenta en remuant pendant 20 minutes, jusqu'à ce qu'elle épaississe. Ajoutez le lait et laissez sur le feu 10 minutes en remuant, jusqu'à obtenir une polenta épaisse et onctueuse.

Persillade au citron Mélangez les ingrédients dans un petit récipient ; couvrez de film étirable et laissez reposer au réfrigérateur.

Par portion osso buco : lipides 13,3 g ; 1 831 kJ ; polenta : lipides 1,3 g ; 87 kJ

Burger maison

Pour 4 sandwichs.

PRÉPARATION 5 MINUTES
CUISSON 15 MINUTES

Nous vous donnons quelques suggestions de marinades page suivante, mais vous pouvez également faire vos propres mélanges. Ajoutez par exemple un peu de pesto à chaque sandwich (voir avec notre recette page 38), mais n'oubliez pas que cela rajoute aussi des calories !

8 tranches de pain blanc
1 c. s. d'huile d'olive
4 morceaux de viande marinée (400 g)
6 tomates grillées (voir recette suivante)
4 portions d'oignons caramélisés (voir recette page suivante)
100 g de mesclun*

1 Badigeonnez les 2 côtés des tranches de pain avec l'huile d'olive.
2 Faites griller la viande au gril ou au barbecue jusqu'à ce qu'elle soit dorée des 2 côtés, et cuite suivant votre goût ; couvrez et gardez au chaud.
3 Faites griller le pain en plusieurs fois sous le gril jusqu'à ce qu'il soit doré de chaque côté.
4 Formez les sandwichs en plaçant la viande, les tomates, l'oignon et le mesclun entre les tranches de pain.

Par sandwich lipides 38 g ; 2 715 kJ (pour une part de bœuf mariné dans le vin rouge).

* Ou mélange de salade.

Tomates grillées au four

Pour 4 personnes.

Coupez 6 tomates olivettes ou autres (450 g) en deux ; disposez-les dans un plat allant au four et arrosez d'une cuillerée à soupe d'huile d'olive. Faites griller sans ouvrir à four chaud pendant 30 minutes, jusqu'à ce que les tomates soient tendres et légèrement dorées.

Par portion lipides 4,9 g ; 239 kJ

LES ASTUCES DU CHEF

• Vous pouvez utiliser diverses variétés de tomates pour cette recette.

• Placez les tomates dans un plat à bord haut qui les protégera de la chaleur ; ainsi, elles ne brûleront pas.

Oignons caramélisés

Pour 4 personnes.

Dans une grande poêle, mettez à chauffer 60 g de beurre et faites cuire 4 oignons rouges moyens (680 g) coupés en grosses tranches et 2 gousses d'ail hachées en remuant jusqu'à ce que l'oignon soit fondant et légèrement doré. Ajoutez 2 cuillerées à soupe de sucre roux et 2 cuillerées à soupe de vinaigre balsamique ; faites cuire en remuant constamment jusqu'à ce que l'oignon soit bien doré et que le mélange ait épaissi.

Par portion lipides 13 g ; 788 kJ

Les astuces du chef

- Si vous n'avez pas d'oignons rouges, les oignons jaunes, plus courants, seront tout aussi doux une fois caramélisés.
- Vous pouvez remplacer le vinaigre balsamique par du vin rouge ou du cidre.
- Si vous conservez l'oignon caramélisé au réfrigérateur, il se figera ; faites-le chauffer doucement et peu de temps pour que le beurre fonde et que l'oignon redevienne tendre.

Les astuces du chef

- Essayez différentes sortes de pain : pitta, pain libanais, ciabatta ou encore du pain noir.
- Adaptez les quantités de chaque ingrédient suivant vos préférences : vous préférez peut-être plus de tomates et moins d'oignons.
- Le mesclun est un mélange de salades vertes (pousses d'épinards, laitue, roquette (ou pissenlit), etc.) vendu au poids chez les marchands de légumes. Vous pouvez le remplacer par la salade que vous préférez.
- La marinade donne une saveur différente à la viande, mais elle contribue également à l'attendrir.

Marinades

Les recettes sont données pour 400 g de viande. Nous aimons l'agneau avec la marinade grecque ; le filet de bœuf avec la marinade au vin rouge, et le porc mariné dans le vinaigre balsamique. Mais n'hésitez pas à les essayer également avec du poulet ou du poisson !

Marinade au vinaigre balsamique

Dans un grand saladier, mélangez 125 ml de vinaigre balsamique, 60 ml d'huile d'olive, 75 g de sucre roux et 1 cuillerée à soupe d'origan haché finement ; faites mariner les morceaux de viande, de volaille ou de poisson dans cette marinade ; couvrez et laissez reposer au réfrigérateur au moins 3 heures ou toute une nuit. Égouttez ensuite les morceaux, jetez la marinade. Faites cuire la viande ou le poisson selon votre préférence.

Marinade grecque

Dans un grand saladier, mélangez 125 ml de jus de citron, 125 ml d'huile d'olive et 1 cuillerée à soupe de romarin finement haché ; ajoutez les morceaux de viande, de poulet ou de poisson et laissez reposer en couvrant pendant au moins 3 heures ou toute une nuit si possible. Égouttez, jetez la marinade, et faites cuire la viande.

Marinade au vin rouge

Dans un grand saladier, mélangez 250 ml de vin rouge, 2 gousses d'ail hachées, 1 cuillerée à soupe de moutarde à l'ancienne (avec les grains) et 60 ml d'huile d'olive ; faites mariner les morceaux de viande, le poulet ou le poisson pendant 3 heures ou toute une nuit en les recouvrant. Égouttez, jetez la marinade et faites cuire la viande suivant la recette et votre cuisson préférée.

Les astuces du chef

- Vous pouvez utiliser de l'épaule non dégraissée, mais les portions seront alors beaucoup plus grandes et le taux de lipides bien augmenté !
- Si vous n'avez pas le temps de préparez votre propre bouillon de bœuf (voir page 116), utilisez du bouillon tout fait ; veillez dans ce cas à ne pas trop saler.
- Ce plat se congèle facilement, sans rien perdre de ses qualités gustatives ; seul le couscous doit être fait au dernier moment. Ôtez tout le gras qui a pu remonter à la surface avant de réchauffer l'agneau.

Hachez les oignons sans les peler, les carottes et le céleri.

Effeuillez le thym.

Faites dorer les morceaux d'agneau.

Séparez les grains de couscous avec une fourchette.

Agneau braisé au céleri

Pour 4 personnes.

PRÉPARATION 15 MINUTES • CUISSON 1 H 45

Nous avons choisi ici de l'épaule pas trop grasse, mais tout autre morceau à ragoût est possible ; nous servons cette viande avec du couscous, mais ce plat familial s'accompagne également d'un risotto aux champignons (voir page 27). Des légumes verts à la vapeur iront parfaitement.

2 c. s. d'huile d'olive

500 g de céleri épluché (environ 6 branches) grossièrement haché

2 oignons (300 g) non pelés et grossièrement hachés

2 gousses d'ail hachées

2 carottes moyennes (240 g) grossièrement hachées

4 morceaux d'agneau (1 kg)

180 ml de vin blanc sec

60 g de concentré de tomates

750 ml de bouillon de bœuf

2 c. s. de thym

375 ml de bouillon de bœuf pour le couscous

300 g de couscous

1 Dans une grande cocotte qui possède un couvercle adapté, faites chauffer la moitié de l'huile et ajoutez le céleri, l'oignon, l'ail et les carottes en remuant jusqu'à ce que l'oignon soit fondant. Retirez les légumes de la cocotte.

2 Faites chauffer le restant d'huile dans la cocotte et faites dorer les morceaux sans couvrir. Ajoutez le vin, le concentré de tomates, le bouillon et le thym ; amenez à ébullition et laissez frémir 1 heure en couvrant. Versez à nouveau les légumes dans la cocotte et remettez à frémir toujours à couvert pendant 30 minutes, jusqu'à ce que l'agneau soit cuit.

3 Juste avant de servir, préparez le couscous. Faites chauffer 375 ml de bouillon dans une petite casserole ; lorsqu'il bout, versez-le dans un saladier sur le couscous. Couvrez et laissez reposer 5 minutes, le temps que la graine absorbe le bouillon. Séparez les grains à l'aide d'une fourchette et servez avec l'agneau et les légumes.

Par portion lipides 13,4 g ; 2 462 kJ

Gigot d'agneau et sa sauce

Pour 6 personnes.

PRÉPARATION 10 MINUTES • CUISSON 2 HEURES

En préparant cette recette, vous comprendrez pourquoi certaines personnes préfèrent louper un rendez-vous galant avec Tom Cruise plutôt qu'un gigot maison ! Pour réussir ce plat, il suffit de suivre quelques conseils déjà éprouvés, sans essayer d'improviser.

1 bouquet de romarin

1 gigot d'agneau de 2 kg

2 gousses d'ail coupées chacune en huit

60 ml d'huile d'olive

40 g de beurre

1 petit oignon (80 g) finement haché

2 c. s. de farine

125 ml de vin rouge

375 ml de bouillon d'agneau ou de bœuf

1 Préchauffez le four à haute température.

2 Coupez 16 brins de romarin ; posez le restant du bouquet dans un grand plat allant au four.

3 Enlevez le plus possible de gras sur le gigot. Entaillez le gigot sur toute la surface de 16 coups de couteau ; introduisez les éclats d'ail et les brins de romarin dans ces entailles.

4 Disposez le gigot dans le plat à cuisson, sur la branche de romarin. Badigeonnez d'huile et faites rôtir à four chaud pendant 20 minutes sans couvrir. Réduisez la température et continuez à faire cuire au four pendant encore 1 h 30 en arrosant de temps à autre l'agneau de son jus de cuisson. Retirez l'agneau du plat de cuisson et laissez-le reposer 5 minutes avant de le découper.

5 Retirez le jus de cuisson du plat (vous vous en servirez pour autre chose quand il sera dégraissé) ; à la place, faites fondre le beurre à feu doux ; faites fondre les oignons en remuant ; ajoutez la farine et faites blondir en remuant pendant 5 minutes. Versez le vin et le bouillon, et portez à ébullition à feu vif en remuant constamment. Quand la sauce a épaissi, filtrez-la et servez avec l'agneau.

Par portion lipides 26,3 g ; 2 038 kJ

Garnissez le gigot d'ail et de romarin.

Arrosez l'agneau de son jus.

Faites blondir la farine pour la sauce.

Les astuces du chef

- À la place du romarin, essayez du thym, de la menthe ou encore du persil.
- Laissez reposer le gigot 10 à 15 minutes avant de le découper, le jus sera plus « apaisé ». Découpez l'agneau à contre-fibre, la viande sera plus tendre ainsi.
- Vous pouvez préparer votre propre bouillon (dans la recette du bouillon de bœuf page 116, remplacez les os de bœuf par des os d'agneau), ou faites fondre 1 bouillon cube émietté dans 250 ml d'eau bouillante.
- Dans cette recette, nous avons utilisé du chiraz, mais n'importe quel vin rouge sec fera l'affaire.
- La sauce de cette recette peut facilement se transformer en sauce au poivre vert ou encore aux champignons. Pour cela, versez la sauce filtrée dans une casserole propre, puis ajoutez 1 cuillerée à soupe de poivre vert en boîte égoutté et rincé, ou 100 g de petits champignons de Paris cuits et finement émincés. Faites cuire 2 minutes en remuant ; servez.

Curry d'agneau et concombres au yaourt

Pour 4 personnes.

PRÉPARATION 40 MINUTES • CUISSON 1 HEURE

Le raïta, sorte de salade au yaourt, constitue l'accompagnement traditionnel de nombreux plats de viande ou de légumes en Inde. Le concombre et le yaourt sont d'excellents antidotes à une overdose de piment, et donc le mélange des deux, comme dans cette recette, est parfait à servir avec une sauce au curry épaisse et riche. Un conseil : en cas de feu trop fort, n'essayez surtout pas de boire de l'eau, cela ne fera que disperser la flamme sans l'apaiser.

Saupoudrez les aubergines de sel.

Faites revenir l'agneau par petites quantités.

Versez les lentilles dans l'eau bouillante.

1 aubergine moyenne (300 g)
gros sel
1 kg d'épaule d'agneau sans gras
2 pommes de terre moyennes (400 g)
1 poivron rouge moyen (200 g)
2 c. s. d'huile
2 oignons (300 g) grossièrement hachés
2 branches de céleri sans les feuilles (150 g) grossièrement hachées
2 gousses d'ail hachées
1 c. s. de gingembre râpé
70 g de pâte de curry moyennement forte
425 g de pulpe de tomates en boîte
250 ml de lait de coco
300 g de lentilles
l'huile de friture
12 galettes de pain indiennes

Raïta de concombres

1 petit concombre (130 g) grossièrement râpé
250 ml de yaourt
1 gousse d'ail hachée

1 Découpez l'aubergine en dés de 2 cm, sans la peler ; versez dans une passoire et saupoudrez de gros sel ; laissez égoutter 30 minutes.

2 Pendant ce temps, découpez l'agneau, les pommes de terre et le poivron en cubes de 3 cm. Dans une grande sauteuse, faites chauffer 1 cuillerée à soupe d'huile et faites revenir l'agneau en plusieurs fois. Réservez. Faites chauffer le reste de l'huile dans la sauteuse et faites cuire l'oignon, le céleri, l'ail, le gingembre et la pâte de curry en remuant jusqu'à ce que l'oignon soit fondant.

3 Rincez l'aubergine à l'eau froide et essuyez-la à l'aide de papier absorbant. Coupez-la en morceaux et ajoutez-la aux autres légumes dans la sauteuse ; ajoutez les tomates concassées et leur jus, les pommes de terre, les poivrons et l'agneau et laissez bouillir en remuant. Couvrez et laissez frémir 30 minutes environ, jusqu'à ce que l'agneau soit cuit.

4 Ajoutez alors le lait de noix de coco et laissez frémir, sans couvrir, pendant 10 minutes encore, afin que la sauce épaississe légèrement.

5 Pendant ce temps, versez les lentilles dans une casserole d'eau bouillante et laissez cuire sans couvrir pendant 10 minutes. Quand elles sont cuites, égouttez-les et couvrez pour les garder au chaud.

6 Faites chauffer l'huile de friture dans une grande poêle et faites frire les galettes indiennes une par une ; il faut qu'elles soient dorées et boursouflés des 2 côtés ; utilisez une pince à barbecue pour les retourner. Égouttez-les sur du papier absorbant.

7 Servez le curry d'agneau avec les lentilles, les galettes indiennes, le raïta, et du riz à la vapeur si vous le souhaitez.

Raïta de concombres Mélangez les ingrédients dans un petit saladier.

Par portion lipides 49,3 g ; 4 431 kJ

Les astuces du chef

- « Faire dégorger » les cubes d'aubergines consiste à les saupoudrer de gros sel et les laisser reposer ; l'aubergine perd ainsi sa saveur amère.
- Au lieu d'un morceau d'épaule, vous pouvez utiliser, pour réaliser ce curry, des morceaux de gigot ou de carré.
- Vous trouverez des galettes indiennes dans les magasins de produits exotiques. Remballez celles que vous n'utilisez pas dans du film étirable, ou dans un sac en plastique. Elles sont meilleurs frites, mais si vous n'avez pas le temps ou que vous préférez une version régime, faites-les gonfler au micro-ondes : placez 2 galettes sur le plateau tournant et faites-les cuire 30 secondes à puissance maximum. Vous garderez plusieurs jours les galettes indiennes refroidies dans une boîte hermétique.

Les astuces du chef

- La croûte du porc est séparée de la viande par une couche de gras, ce qui rend la peau craquante mais pas trop dure à mâcher. Il est plus facile de découper la peau en lamelles tant que le rôti est encore chaud. Réchauffez-le en le plaçant 5 minutes, sans couvrir au four très chaud.
- Pas besoin de passer la sauce : si vous l'avez remuée pendant la cuisson, elle ne doit pas comporter de grumeaux. Cependant, en cas de doute, versez la sauce dans une passoire fine avant de la servir.

Rôti de porc roulé

Pour 6 personnes.

PRÉPARATION 30 MINUTES • CUISSON 2 HEURES

Demandez à votre boucher de désosser une échine de porc de manière à ce que le morceau soit assez long pour être farci et roulé facilement. Demandez également à votre boucher qu'il laisse la couenne et la couche de graisse qui y est attachée : pas de rôti de porc sans peau craquante ! Nous vous proposons deux recettes de farce, mais faites votre choix avant de vous lancer dans la recette, de manière à avoir tous les ingrédients prêts sous la main. Servez ce rôti doré avec des pommes de terre au four (voir page 92) et des légumes verts à la vapeur.

Découpez la couenne du porc.

Entaillez l'échine de porc.

Pressez la farce sur la viande.

2,5 kg d'échine de porc désossée et avec la couenne

1 c. s. d'huile d'olive

2 c. c. de sel

1 c. s. de farine

375 ml de bouillon de poule

Farce à la chapelure

140 g de chapelure ou de miettes de pain rassis

1 œuf légèrement battu

2 c. s. de persil finement ciselé

2 c. s. de ciboulette finement ciselée

2 c. s. de sauge finement ciselée

Farce aux abricots secs, aux pruneaux et au riz

130 g de riz blanc long

75 g d'abricots secs finement hachés

105 g de pruneaux dénoyautés finement hachés

1 Préchauffez le four à très haute température.

2 Étalez le porc sur une planche à découper, couenne sur le dessus. À l'aide d'un couteau bien aiguisé, détachez la couenne en gardant dessous 5 mm de gras environ. Disposez la couenne dans un grand plat allant au four et entaillez-la en diagonale ; badigeonnez avec la moitié de l'huile, salez. Faites cuire à four très chaud sans couvrir pendant 40 minutes environ jusqu'à ce qu'elle soit croustillante et bien dorée ; découpez-la en lamelles. Baissez la température du four.

3 Pendant ce temps, préparez la farce. Étalez le porc, gras dessous, sur la planche. Entaillez les parties les plus épaisses dans le sens de la longueur, sans découper complètement la viande. Versez la farce du côté le plus large du morceau de viande. Roulez et attachez le rôti tous les 2 cm avec de la ficelle de cuisine.

4 Placez le rôti dans le plat qui a servi à faire griller la couenne et badigeonnez-le du restant d'huile ; faites le griller sans couvrir à four chaud pendant 1 heure, jusqu'à ce qu'il soit parfaitement cuit. Retirez le porc du plat de cuisson ; couvrez et maintenez au chaud pendant que vous préparez la sauce.

5 Versez le jus du rôti dans un petit récipient et réservez. Ne gardez qu'une cuillerée à soupe dans le plat. Faites réchauffer à feu moyen et ajoutez la farine ; faites cuire en remuant jusqu'à ce que le mélange bouillonne et que la farine ait roussi à votre convenance. Ajoutez peu à peu le reste du jus et le bouillon ; continuez à remuer jusqu'à ce que la sauce bout et épaississe. Versez-la dans une saucière. Servez avec le rôti de porc et les lamelles croustillantes.

Farce à la chapelure Mélangez les ingrédients dans un grand saladier.

Farce aux abricots secs, pruneaux et riz Faites cuire le riz dans une grande casserole d'eau bouillante sans couvrir pendant environ 5 minutes ; égouttez. Mélangez le riz refroidi avec les autres ingrédients.

Par portion porc, peau et sauce : lipides 96,2 g ; 4 894 kJ ; farce à la chapelure : lipides 1,2 g ; 175 kJ ; farce aux abricots secs, pruneaux et riz : lipides 0,2 g ; 557 kJ

Roulez le porc bien serré.

Poissons et fruits de mer

Ce qu'il faut savoir…

Pour les recettes où le poisson est recouvert d'épices, de farine ou trempé dans une pâte à frire, choisissez un poisson sec, du genre cabillaud ; il aura moins tendance à perdre son « enrobage » à la cuisson. Pour la même raison, n'utilisez pas de poisson décongelé.

Éliminez la peau et les arêtes qui peuvent rester dans les filets de poisson. Frottez vos doigts de sel pour saisir plus facilement la peau, et utilisez une pince à épiler pour les arêtes.

Darnes de poisson en papillotes

Pour 4 personnes.

PRÉPARATION 10 MINUTES • CUISSON 20 MINUTES

4 darnes de cabillaud (800 g)
4 petits oignons blancs finement émincés
1 tige de citronnelle émincée
80 g de gingembre pelé et finement émincé
100 g de coriandre grossièrement hachée
65 g de sucre roux
2 c. s. de sauce pimentée
2 c. c. d'huile
1 c. c. de nuoc mâm
2 c. s. de jus de citron

Ciselez finement toutes les herbes.

1 Préchauffez le four à chaleur modérée.

2 Disposez chaque darne sur une grande feuille de papier d'aluminium ; et mettez dessus une quantité égale d'oignon, de citronnelle, de gingembre, de coriandre et de sucre. Mélangez les ingrédients liquides et arrosez le poisson de ce mélange. Repliez la feuille d'aluminium et fermez bien en papillote.

3 Placez les papillotes sur la plaque du four ; faites cuire 20 minutes à chaleur modérée, puis vérifiez dans l'une des papillotes si le poisson est à la cuisson désirée. Si ce n'est pas le cas, refermez la papillote test et remettez tout à cuire 5 minutes ou plus. Vous pouvez également faire cuire les papillotes sur un gril ou un barbecue, pendant 10 minutes environ.

Par papillote lipides 7,2 g ; 1 171 kJ

Hachez finement le sucre de palme.

Fermez soigneusement les papillotes.

Les astuces du chef

- Pour cette recette, vous pouvez utiliser n'importe quel poisson à chair ferme, assez gros pour être découpé en darnes : brème, perche de mer, espadon, thon ou merlan. Attention, les temps de cuisson varient selon les poissons.
- Pour rendre cette préparation encore plus délicate, vous pouvez remplacer le papier d'aluminium par des feuilles de bananier. Découpez les feuilles en grands carrés, et trempez-les dans l'eau bouillante. Rincez à l'eau froide et séchez parfaitement. Emballez chaque darne dans un carré de feuille de bananier en veillant à ce qu'elle soit bien fermée. Faites cuire en suivant les indications de la recette.
- Vous pouvez remplacer le sucre roux par du sucre de palme si vous en trouvez.

Les astuces du chef

- Si vous ne trouvez pas de menthe vietnamienne, utilisez une autre sorte de menthe.
- La sauce thaïlandaise appelée naam pla, à base de poissons, est très proche du nuoc mâm vietnamien.
- Nous avons utilisé de la pâte de piment vietnamienne, mais vous pouvez également prendre du sambal oelek (pâte de piment au gingembre et à l'ail) ou si vous préférez ce bouillon moins pimenté, une sauce au piment doux.
- Quand les crevettes deviennent rose orangé, elles sont cuites.
- Vous trouverez du fumet de poisson en boîte ou surgelé dans les magasins d'alimentation asiatique ; mais vous pouvez aussi préparer le vôtre facilement (recette page ci-contre).

Enlevez les boyaux des crevettes.

Émincez le gingembre pelé.

Effeuillez la coriandre et la menthe.

Soupe asiatique aux crevettes

Pour 4 personnes.

PRÉPARATION 30 MINUTES • CUISSON 20 MINUTES

Ce plat est sans doute la soupe thaïlandaise que les occidentaux aiment le plus. À la fois acide et piquant, ce plat appelé tom yum goong pourra constituer un plat principal si vous ajoutez des crevettes (environ 3 par personne) à cette recette. Vous avez besoin de 2 citrons verts.

1,5 l de fumet de poisson, voir la recette ci-contre
1 bouquet de coriandre
1 bouquet de menthe vietnamienne
1 brin de citronnelle finement ciselé
4 feuilles de citronnier kaffir découpées (facultatif)
40 g de gingembre pelé et finement émincé
1 c. s. de nuoc mâm
16 crevettes moyennes crues (400 g)
8 petit oignons blancs
80 ml de jus de citron vert
1 c. c. de pâte de piment

1 Dans une grande casserole, faites chauffer le bouillon sans le couvrir.

2 Pendant ce temps, lavez séparément la coriandre et la menthe ; égouttez bien. Coupez les racines de la coriandre et ajoutez-les au bouillon ; essuyez les feuilles de menthe et de coriandre à l'aide de papier absorbant et réservez.

3 Ajoutez au bouillon la citronnelle, les feuilles de citronnier, le gingembre le piment et le nuoc mâm ; portez à ébullition et laissez frémir 10 minutes sans couvrir.

4 Pendant ce temps, décortiquez les crevettes et enlevez les boyaux en laissant la tête et la queue intactes. Hachez les oignons en morceaux de 2 cm. Effeuillez la coriandre et la menthe ; il vous faut environ 200 g de coriandre et 100 g de menthe.

5 Ôtez les racines de coriandre du bouillon, et jetez-les. Ajoutez au bouillon les crevettes, l'oignon, le jus de citron et la pâte de piment ; laissez frémir sans couvrir 4 minutes, jusqu'à ce que les crevettes changent de couleur. Ajoutez la coriandre et la menthe ; servez immédiatement.

Par portion lipides 0,9 g ; 583 kJ

Fumet de poisson

Pour 2,5 l.

3 l d'eau froide
1,5 kg d'abats de poisson (arêtes, têtes, queues...)
2 feuilles de laurier
1 c. c. de poivre noir en grains
1 oignon moyen (150 g) grossièrement haché
2 branches de céleri avec les feuilles (300 g) grossièrement hachées

1 Versez l'eau froide dans une grande casserole sur feu vif ; Ajoutez les abats de poisson, les feuilles de laurier, le poivre, l'oignon et le céleri (si vous aimez cuisiner salé, ajoutez également 3 cuillerées à café de sel), et portez à ébullition ; laissez frémir 20 minutes sans couvrir.

2 Passez le bouillon et jetez tout ce qui reste dans la passoire. Ce bouillon se conserve 3 jours au réfrigérateur.

Par litre lipides 1 g ; 140 kJ

Pieuvre sautée

Pour 4 personnes.

PRÉPARATION 20 MINUTES • CUISSON 10 MINUTES

1 kg de petites pieuvres
2 gousses d'ail hachées
2 c. s. d'huile
2 c. c. de cinq-épices
2 c. c. de sel
1 brin de citronnelle haché
1 petit piment rouge épépiné et finement émincé

1 Ôtez la tête et le bec des pieuvres ; coupez chaque pieuvre en deux.

2 Dans un grand saladier, mélangez les pieuvres, l'ail, l'huile la citronnelle et les cinq-épices ; couvrez et laissez reposer au réfrigérateur 3 heures au moins ou toute une nuit.

3 Faites griller les pieuvres sans les égoutter, au four, au barbecue ou dans une poêle à frire, par petites quantités, jusqu'à ce qu'elles soient toutes dorées et cuites à point.

4 Disposez les pieuvres dans un grand saladier et mélangez délicatement avec les ingrédients restants.

Par portion lipides 12,2 g ; 1 080 kJ

Ôtez la tête et le bec des pieuvres.

Salade de calmars grillés

Pour 4 personnes.

PRÉPARATION 20 MINUTES • CUISSON 10 MINUTES

Vous pouvez aussi acheter 750 g de calmars découpés en anneaux chez votre poissonnier, ou en surgelé.

Détachez les entrailles du corps.

Ôtez le cartilage en tirant délicatement dessus.

Enlevez la fine peau qui recouvre le corps.

1 kg de calmar
2 gousses d'ail hachées
80 ml de vinaigre balsamique
80 ml d'huile d'olive
1/2 miche de pain blanc
1 oignon rouge moyen (170 g) finement haché
100 g de roquette ou pissenlit
90 g d'olives noires dénoyautées
8 grandes feuilles de basilic déchiquetées

1 Tirez doucement sur la tête et les boyaux du calmar pour les enlever. Retirez également le cartilage transparent et la peau du capuchon en trempant vos doigts dans le sel pour avoir une meilleure prise. Découpez le calmar en anneaux de 2 cm de large.

2 Disposez les anneaux dans un grand saladier, avec l'ail, la moitié du vinaigre et de l'huile ; couvrez et laissez reposer 3 heures au moins ou toute la nuit au réfrigérateur.

3 Égouttez les anneaux, réservez la marinade ; faites griller le calmar au four, au barbecue ou à la poêle par petites quantités en badigeonnant les rondelles du restant de marinade, jusqu'à ce qu'elles soient dorées et tendres.

4 Pendant ce temps, coupez le pain en deux, puis en deux encore dans la largeur ; faites griller les morceaux.

5 Dans un grand saladier, versez les anneaux de calmars avec les ingrédients restants ; mélangez délicatement. Servez la salade de calmars accompagnée du pain grillé.

Par portion lipides 22,9 g ; 1 949 kJ

Les astuces du chef

- La marinade attendrit le calmar et développe ses saveurs. Si vous avez le temps de laisser mariner toute une nuit, il n'en sera que meilleur.
- La pieuvre ou le calmar sont meilleurs grillés au barbecue, mais vous pouvez obtenir un résultat tout à fait honorable en les faisant sauter à la poêle.
- Vous pouvez essayer les pousses d'épinards ou la romaine, des olives noires ou vertes craquelées, du pain pitta ou des tortillas coupées en gros morceaux pour accompagner le calmar ; par contre, gardez le vinaigre balsamique pour sa saveur spéciale, profonde et acidulée à la fois. Prenez une huile d'olive de qualité.

Poisson à l'antillaise

Pour 4 personnes.

PRÉPARATION 10 MINUTES • CUISSON 10 MINUTES

La cuisine cajun est née du mélange des styles français, africain et indien d'Amérique dans la préparation des poissons, fruits de mer et légumes propres à cette région marécageuse et humide qu'est la Louisiane.

Trempez le poisson dans le mélange d'épices.

Ôtez les feuilles et la barbe du maïs.

Prélevez les grains de maïs.

Épépinez les tomates.

3 c. c. de sel et d'oignon haché
3 c. c. de paprika fort
3 c. c. de poivre noir moulu
3 c. c. d'origan en poudre
1/2 c. c. de piment en poudre
12 petits filets de poisson blanc sans arêtes (1 kg)
2 c. s. d'huile d'olive

Sauce à la tomate et au maïs

2 épis de maïs (800 g)
1 petit oignon rouge (100 g) finement haché
5 tomates olivettes moyennes (375 g) épépinées et finement hachées
1 c. s. de feuilles de coriandre hachées
2 c. s. de jus de citron
1 c. s. d'huile d'olive

1 Sur un plateau ou dans un saladier peu profond, mélangez le sel, le paprika, le poivre, l'origan et le piment en poudre ; trempez un par un les filets de poisson dans ce mélange.

2 Faites chauffer 1 cuillerée à soupe d'huile dans une poêle à fond épais ; faites frire le poisson en plusieurs fois, 2 minutes environ par côté ou jusqu'à la cuisson désirée ; il faut que les épices aient « noirci ». Répétez l'opération avec le restant d'huile et les autres filets. Servez le poisson noirci accompagné de la sauce.

Sauce à la tomate et au maïs Ôtez les feuilles et la barbe des épis de maïs. Prélevez les grains et faites-les cuire à l'eau bouillante, à la vapeur ou au micro-ondes. Une fois que le maïs a refroidi, mélangez-le avec les autres ingrédients de la recette, et servez dans un saladier moyen.

Par portion lipides 19,1 g ; 2 012 kJ

Les astuces du chef

- Vous pouvez réaliser votre propre mélange d'épices cajun, mais vous en trouverez du tout prêt dans les épiceries exotiques.
- Choisissez un poisson relativement sec, les épices adhéreront mieux à la chair au moment de la cuisson.
- Il est plus facile de retirer les grains de maïs de l'épi quand celui-ci est encore cru. À l'aide d'un couteau aiguisé, découpez entre les grains et l'épi en un seul long geste. Continuez en faisant tourner l'épi jusqu'à avoir prélevé tous les grains.

Enlevez les boyaux des crevettes.

Émincez le concombre en diagonale.

Effeuillez le cresson.

Ciselez finement les feuilles de menthe.

Salade de crevettes à la menthe

Pour 4 personnes.

PRÉPARATION 30 MINUTES

Cette salade servira de plat principal à un repas léger.

40 crevettes moyennes cuites (1 kg)
1 petit concombre (130 g)
60 g de vrilles de mange-tout ou de pousses de blé
60 g de cresson
160 g de germes de soja
1 c. s. de nuoc mâm
60 ml de jus de citron
125 ml de lait de coco
2 c. s. de sucre
1 gousse d'ail hachée
2 c. c. de gingembre finement râpé
1 petit piment rouge finement émincé
3 c. s. de menthe finement ciselée

1 Décortiquez les crevettes et enlevez la veine centrale en laissant la queue. Coupez les concombres en deux dans le sens de la longueur sans les peler et émincez-les en diagonale.

2 Lavez les pousses, le cresson et les germes de soja à l'eau froide ; faites-les sécher en utilisant l'essoreuse si possible.

3 Mélangez la sauce, le jus de citron, le lait de noix de coco, le gingembre et le piment dans un grand bol en fouettant ; ajoutez les crevettes, le concombre et les autres ingrédients, mélangez délicatement.

Par portion lipides 8,7 g ; 1 087 kJ

Suggestions de présentation Tout ce qu'il vous faut avec cette salade, c'est une bonne miche de pain frais.

Les astuces du chef

- Vous pouvez également acheter des crevettes crues et les faire mariner une nuit dans du jus de citron avant de les faires griller au barbecue ; pour servir, disposez-les sur la salade.
- Remplacez les vrilles de mange-tout par des pousses de mange-tout ou de blé ; essayez une autre sorte de cresson, ou encore de la mâche, qui est plus douce.
- Si vous n'aimez pas le goût de la noix de coco, remplacez le lait par 60 ml d'huile de noix, de noisette, de pécan de bonne qualité. Dans ce cas, vous pouvez ajouter à la salade 250 g de vermicelles de riz cuits et refroidis pour en faire un plat plus consistant.

Les astuces du chef

- Nous avons utilisé dans cette recette des filets de limande, mais vous pouvez également prendre tout autre poisson blanc à chair ferme : cabillaud, brème, perche de mer, espadon, ou merlan.
- Les pommes de terre roseval sont les meilleures qu'on puisse trouver pour les frites, parce qu'une fois coupées et grillées ou frites, elles restent très craquantes à l'extérieur, gonflées et légères à l'intérieur. Plutôt que de faire des bâtonnets, coupez les pommes de terre en huit avant de les étaler sur une plaque pour les faire cuire au four.
- Préparez une fausse sauce tartare en mélangeant les cornichons hachés, les câpres et la ciboulette avec 250 ml de yaourt. Ça ne sera peut-être pas aussi crémeux que l'original, mais ce sera en tout cas moins gras.

Fish'n'chips au four et sa sauce tartare

Pour 4 personnes.

PRÉPARATION 35 MINUTES • CUISSON 50 MINUTES

Voici une version contemporaine et très allégée (mais tout aussi délicieuse) du fish'n'chips traditionnel.

1 kg de pommes de terre roseval (voir p. 6)
huile
12 filets de poisson blanc ferme (750 g)
35 g de farine
3 blancs d'œuf légèrement battus
1 c. s. de lait écrémé
155 g de chapelure
75 g de miettes de corn flakes

Sauce tartare

2 jaunes d'œuf
1 c. s. de jus de citron
1/2 c. c. de sel
1/2 c. c. de graines de moutarde
250 ml d'huile
2 c. s. de lait environ
2 c. s. de cornichons hachés
2 c. s. de câpres hachées
2 c. s. de ciboulette hachée

1 Préchauffez le four à température moyenne.

2 Pelez les pommes de terre et coupez-les en tranches de 1,5 cm ; puis coupez les tranches en frites de 1 cm. Disposez les frites sur une plaque de four en une seule couche ; badigeonnez légèrement d'huile. Faites cuire, sans couvrir, 35 minutes à four modéré jusqu'à ce que les frites soient dorées.

3 Pendant ce temps, trempez les filets un par un dans la farine ; mélangez les blancs d'œuf, le lait, trempez les filets dedans, puis dans la chapelure et les miettes. Placez les filets sur une plaque de four huilée et faites-les cuire, sans couvrir, à four modéré pendant les 20 dernières minutes de la cuisson des frites. Servez le fish'n'chips accompagné de sauce tartare.

Sauce tartare Au mixeur, mélangez les jaunes d'œuf, le jus de citron, le sel et la moutarde jusqu'à ce que le mélange devienne lisse. En continuant à mixer, ajoutez peu à peu l'huile en mince filet ; mixez jusqu'à ce que la sauce épaississe. Versez-la dans un récipient de service, et ajoutez la quantité de lait nécessaire pour obtenir la consistance désirée ; puis ajoutez les ingrédients restants.

Par portion poisson : lipides 6,2 g ; 1 612 kJ ; frites : lipides 1,5 g ; 626 kJ ; sauce tartare (pour 2 c. s.) : lipides 2,3 g ; 1 007 kJ

Découpez les pommes de terre en chips.

Badigeonnez les frites d'huile.

Trempez les filets dans la chapelure.

Les astuces du chef

- Les olives niçoises sont de petites olives noires pointues. Vous pouvez les remplacer par des olives noires.
- Si vous êtes pressé et que vous n'avez pas de poisson frais sous la main, utilisez une boîte de thon à l'huile (425 g) ; égouttez le poisson, émiettez-le et ajoutez-le à la salade en même temps que l'oignon, la tomate, les haricots verts, etc.

Émincez finement les oignons.

Épépinez les tomates.

Ciselez le basilic.

Salade niçoise

Pour 4 personnes.

PRÉPARATION 35 MINUTES • CUISSON 5 MINUTES

Il existe de nombreuses variantes de cette célèbre salade, mais la vraie salade niçoise doit comporter les fruits ensoleillés du Midi : tomates, câpres, olives et ail. On peut également ajouter des anchois, du thon, des œufs durs, des cœurs d'artichauts, des radis, des dés de pommes de terre ou des poivrons verts ou rouges.

1 oignon rouge moyen (170 g)
4 tomates olivettes ou autres (300 g)
3 branches de céleri effeuillées (225 g)
3 œufs durs
200 g de haricots verts
12 filets d'anchois égouttés et coupés en deux
2 steaks de thon frais*
100 g d'olives niçoises dénoyautées
2 c. s. de petites câpres
2 c. s. de basilic finement ciselé

Vinaigrette au citron

125 ml d'huile d'olive
60 ml de jus de citron
1 gousse d'ail hachée
1 c. c. de sucre

1 Découpez l'oignon en 4 ; émincez-le finement. Coupez les tomates en quartier, épépinez. Émincez finement le céleri. Coupez les œufs durs en quartier.

2 Équeutez les haricots verts et faites-les cuire, à l'eau bouillante, à la vapeur ou au micro-ondes ; égouttez.

3 Faites griller le thon , au four, au barbecue ou à la poêle, des deux côtés, suivant la cuisson que vous préférez ; découpez en morceaux de 3 cm.

4 Disposez les oignons, les tomates, les haricots, le céleri, les œufs, les anchois et le thon sur un grand plat de service. Décorez avec les olives, les câpres et le basilic. Arrosez de vinaigrette.

Vinaigrette au citron Versez tous les ingrédients dans un bocal hermétique ; secouez pour mélanger.

Par portion lipides 61,3 g ; 751 kJ

* La recette est meilleure avec du thon frais, mais vous pouvez utilisez du thon en boîte, plus simple à se procurer.

Les légumes

Ce qu'il faut savoir…

Faire dégorger une aubergine consiste à la laisser reposer avec du sel, pour qu'elle perde son côté amer. Étape à suivre absolument dans les recettes qui comportent de l'aubergine comme ingrédient principal.

Pour préparer une salade, enlevez les tiges et rincez plusieurs fois les feuilles dans l'eau froide, puis séchez-les complètement ; investissez dans une essoreuse si vous êtes un gros mangeur de salade. Vous pouvez laver les feuilles à l'avance et les garder au réfrigérateur dans votre bac à légumes entourées d'un torchon, à condition de les égoutter à l'essoreuse.

Suivant le mode de cuisson, vous choisirez des variétés de pommes de terre différentes. Pour de la purée, essayez la bintje, la duchesse, la manon ou la bleue d'Auvergne ; pour les salades, prenez des pommes de terre à chair ferme comme la ratte, la charlotte ou la belle de Fontenay, ou encore des pommes de terre nouvelles.

Presque tous les légumes peuvent être sautés, et si votre wok est bien apprêté, vous n'avez besoin que de très peu d'huile. Veillez à bien sécher vos légumes avant de les faire sauter, afin qu'ils restent croquants.

Légumes d'Asie sautés

Pour 4 personnes.

PRÉPARATION 20 MINUTES • CUISSON 10 MINUTES

Depuis des siècles, la cuisson au wok est la façon de cuisiner les légumes en Asie ; il y a de bonnes raisons à cela : le temps de préparation et de cuisson est réduit au minimum, et les légumes gardent le maximum d'éléments nutritifs, tout en développant leur saveur. Cette recette nécessite des légumes que l'on trouve facilement dans les épiceries asiatiques. *(voir p. 7)*

Coupez les tiges trop dures du choy sum.

Émincez l'extrémité des tiges de tat soi.

Découpez les jeunes bok choy en tranches.

1 kg de bok choy
500 g de choy sum
300 g de tat soi
1 c. s. d'huile
2 gousses d'ail hachées
2 c. c. de gingembre râpé
2 c. s. de sauce de soja

1. Coupez les tiges du bok choy, du choy sum et du tat soi, et éliminez les feuilles flétries ; coupez le bok choy en deux, séparez les feuilles de tous les légumes.
2. Versez l'huile dans un wok chaud, ou une poêle à fond épais ; faites revenir l'ail et le gingembre râpé, jusqu'à ce que leur odeur envahisse la cuisine.
3. Ajoutez les légumes et faites les revenir en remuant le wok ; les feuilles doivent être simplement un peu ramollies.
4. Ajoutez les 2 sauces, mélangez délicatement. Servez.

Par portion lipides 5,3 g ; 392 kJ

Les astuces du chef

- Les sauces empêchent les légumes d'attacher à la poêle, et contribuent à mêler les saveurs. Essayez autant de sauces que vous voulez !
- Le jeune bok choy, qu'on appelle aussi bok choy de Shanghai, chou blanc de Chine ou pak choy, est en fait une variété de moutarde ; il a un goût un peu âcre très agréable.
- Le choy sum est facile à reconnaître, avec ses longues tiges et ses fleurs jaunes (on l'appelle aussi chou fleuri). Tout se mange dans cette plante au goût très doux, des tiges aux fleurs.
- Le tat soi ou taisaï, connu également sous le nom de bok choy rosette, a un goût léger de chou, un peu amer. Ses feuilles, qui ressemblent à des fleurs, se mangent peu de temps après la cueillette, sous peine de devenir trop fortes en goût.

Refroidissez les œufs durs.

Hachez finement les tiges des oignons.

Faites bouillir les dés de pommes de terre.

Faites griller le lard à la poêle.

Salade de pommes de terre

Pour 4 personnes.

PRÉPARATION 20 MINUTES • CUISSON 15 MINUTES

Nous avons utilisé pour cette recette de la belle de Fontenay, mais toute autre variété de pommes de terre à chair ferme – la charlotte ou la roseval, ou encore les pommes de terre nouvelles – convient parfaitement.

3 grosses pommes de terre (900 g) découpées en dés
2 tranches de lard en petits morceaux
3 œufs durs coupés en quatre
1 branche de céleri sans les feuilles (75 g) finement hachée
3 petits oignons finement hachés
2 cornichons finement hachés
60 ml de mayonnaise
60 ml de crème fraîche
2 c. s. de vinaigrette à la moutarde
1 c. c. de moutarde à l'ancienne

1 Faites cuire les pommes de terre à l'eau bouillante, à la vapeur ou au micro-ondes ; égouttez-les. Rincez-les sous l'eau froide pour arrêter la cuisson et égouttez.
2 Pendant ce temps, faites griller le lard dans une poêle ; égouttez sur du papier absorbant.
3 Dans un grand saladier, mélangez les pommes de terre, le lard, le céleri, les œufs, les cornichons et les oignons. Mélangez la mayonnaise, la crème, la vinaigrette et la moutarde ; versez sur la salade et remuez délicatement.

Par portion lipides 20 g ; 1 462 kJ

Les astuces du chef

- Pour préparer une salade de pommes de terre dans les règles, comptez un œuf dur par pomme de terre. Pour écaler plus facilement les œufs durs et les empêcher de se décolorer, craquelez la coquille et plongez-les dans un grand récipient d'eau froide.
- Il vaut mieux éplucher et couper les pommes de terre avant de les faire cuire, vous pourrez ainsi contrôler facilement leur stade de cuisson.
- Si vous préférez ne pas mettre de lard, rajoutez 3 branches de céleri.
- Dans la sauce, remplacez la mayonnaise et la crème par de la crème fraîche allégée, si vous êtes très à cheval sur les calories.
- Un peu d'estragon finement haché apporte à cette recette une note de fraîcheur acidulée très agréable.

Légumes grillés

Pommes de terre grillées traditionnelles

Pour 4 personnes.

PRÉPARATION 15 MINUTES
CUISSON 55 MINUTES

Plusieurs variétés de pommes de terre sont idéales à faire griller : rattes, belles de Fontenay, charlottes ou rosevals.

1 kg de pommes de terre pelées et coupées en deux
2 c. s. d'huile d'olive

1 Faites cuire les pommes de terre à l'eau bouillante, à la vapeur ou au micro-ondes et égouttez-les.
2 Préchauffez le four à forte température.
3 Quand les pommes de terre sont assez refroidies pour que vous puissiez les tenir, grattez délicatement la chair à l'aide d'une fourchette.
4 Disposez les pommes de terre, partie coupée dessous, sur une plaque de four huilée ; badigeonnez les pommes de terre d'huile. Faites griller sans couvrir, à four chaud pendant 50 minutes environ, jusqu'à ce que les pommes de terre soient dorées et craquantes.

Par portion lipides 9,7 g ; 1 004 kJ

Faites cuire les pommes de terre au micro-ondes.

Pommes de terre grillées au romarin

Pour 4 personnes.

PRÉPARATION 10 MINUTES
CUISSON 50 MINUTES

La roseval à peau rose est une des meilleures variétés à faire griller. Nous vous la conseillons pour cette recette.

1 bouquet de romarin
huile
1 kg de pommes de terre avec la peau et coupées en quatre
2 c. s. d'huile d'olive
3 gousses d'ail hachées

1 Préchauffez le four à haute température.
2 Couvrez la plaque du four d'une couche de romarin, et aspergez d'huile.
3 Dans un grand saladier, mélangez le reste des ingrédients en remuant afin que les pommes de terre soient bien recouvertes d'huile.
4 Disposez les pommes de terre sur les branches de romarin ; faites griller, sans couvrir, à four chaud pendant 50 minutes en retournant les pommes de terre une fois à mi-cuisson, jusqu'à ce qu'elles soient dorées et tendres.

Par portion lipides 10,1 g ; 1 029 kJ

Grattez la surface des pommes de terre à l'aide d'une fourchette.

Disposez les pommes de terre sur le lit de romarin.

Les astuces du chef

- Vous pouvez mélanger les pommes de terre à de l'huile et à de l'ail dans un sac en plastique. Versez ce qui reste d'huile et d'ail sur les pommes de terre une fois que vous les aurez disposées sur la plaque.
- Le romarin se congèle très bien dans des sacs alimentaires hermétiques ; pour cette recette, pas besoin de le décongeler.

Coupez les racines des échalotes et des oignons.

Ajoutez les aubergines et les tomates.

Mini-légumes grillés

Pour 4 personnes.

PRÉPARATION 15 MINUTES • CUISSON 40 MINUTES

Les échalotes ont une saveur plus douce que les oignons. Les oignons sont excellents grillés, seuls ou avec d'autre petits légumes.

500 g de petits oignons
250 g d'échalotes
2 c. s. d'huile d'olive
1 kg de toutes petites pommes de terre avec leur peau
6 mini-aubergines (360 g) coupées en deux
250 g de tomates cerises

1 Coupez les racines des oignons et des échalotes et pelez-les.
2 Préchauffez le four à haute température.
3 Dans un plat allant au four, faites chauffer l'huile ; faites revenir les oignons, les échalotes et les pommes de terre en remuant jusqu'à ce que les légumes soient bien dorés.
4 Faites griller les légumes à four chaud sans couvrir pendant 20 minutes ; vérifier que les pommes de terre soient bien tendres. Ajoutez les aubergines et les tomates et faites griller encore 10 minutes, jusqu'à ce que les aubergines soient dorées et tendres.

Par portion lipides 10,2 g ; 1 263 kJ

Les astuces du chef

- Les toutes petites pommes de terre nouvelles sont aussi délicieuses grillées qu'à la vapeur et en salade.
- Vous trouverez des mini-légumes de toutes sortes dans le commerce ; essayez les mini-betteraves, les mini-courges ou les mini-carottes. Tous sont très doux et savoureux.

Ratatouille

Pour 4 personnes.

PRÉPARATION 20 MINUTES • CUISSON 20 MINUTES

Traditionnellement cuite sur le feu, comme dans notre recette principale, la ratatouille se cuit également au four (voir recette page ci-contre). Nous vous donnons les deux variantes, mais sachez que la ratatouille cuite au four aura davantage une consistance de ragoût.

2 courgettes moyennes (240 g)
1 grosse aubergine (500 g)
du gros sel
1 poivron rouge moyen (200 g)
1 poivron jaune moyen (200 g)
1 poivron vert moyen (200 g)
60 ml d'huile d'olive
1 oignon (150 g) grossièrement haché
2 gousses d'ail hachées
6 grosses tomates olivettes (540 g) pelées et coupées en quartiers
3 c. s. de basilic ciselé

Les astuces du chef

- Ce grand classique méditerranéen se sert chaud ou froid. Si vous mangez la ratatouille à température ambiante, ajoutez 1 ou 2 cuillerées à soupe d'huile d'olive pour lui donner une texture veloutée.
- On fait dégorger les aubergines et les courgettes afin qu'elles rendent le plus de jus possible ; c'est ainsi qu'elles resteront craquantes à la cuisson au lieu de se ramollir. Cela empêche également ces légumes d'absorber trop d'huile.
- Sur les aubergines et les courgettes, il vaut mieux mettre trop de sel que pas assez ; si vous les rincez bien, la ratatouille ne risque pas d'être trop salée.

1 Coupez les courgettes et l'aubergine en cubes de 3 cm ; versez-les dans une passoire, saupoudrez de gros sel. Retournez une assiette sur les légumes et posez dessus une boîte de conserve assez lourde ; laissez reposer 30 minutes.

2 Pendant ce temps, coupez les poivrons en deux ; ôtez les graines et la membrane ; recoupez-les en morceaux de 3 cm.

3 Rincez les courgettes et les aubergines sous l'eau froide ; essuyez avec du papier absorbant.

4 Dans une grande sauteuse à fond épais, faites chauffer 1 cuillerée d'huile ; faites revenir l'oignon et l'ail en remuant jusqu'à ce que l'oignon soit fondant ; retirez de la sauteuse.

5 Faites chauffer la moitié de l'huile restante dans la sauteuse et faites revenir les courgettes et les aubergines en plusieurs fois. Ensuite, versez l'huile restante et faites revenir les poivrons de la même façon.

6 Versez le mélange d'ail et d'oignon dans cette même sauteuse, avec les tomates et amenez à ébullition ; laissez frémir sans couvrir, 15 minutes environ, jusqu'à ce que la sauce épaississe légèrement. Ajoutez les courgettes, les aubergines, les poivrons et le basilic ; maintenez brièvement sur le feu en remuant de temps à autre, jusqu'à ce que la ratatouille soit bien chaude.

Par portion lipides 15,5 g ; 904 kJ

Salez les courgettes et l'aubergine.

Placez un poids sur les courgettes et l'aubergine.

Ratatouille au four

PRÉPARATION 20 MINUTES
CUISSON 45 MINUTES

Suivez la recette principale jusqu'à l'étape 3 ; préchauffez le four à température maximale. Dans un plat creux allant au four, mélangez les courgettes, l'aubergine et les poivrons avec l'oignon et la tomate ; versez dessus le mélange d'huile et d'ail. Faites cuire la ratatouille sans couvrir à four très chaud environ 40 minutes, jusqu'à ce que les légumes soient tendres et commencent à dorer sur les bords ; ajoutez le basilic au dernier moment, juste avant de servir.

Épépinez les poivrons.

Salade verte composée

Pour 4 personnes.

PRÉPARATION 15 MINUTES

Faites des essais de salades pour trouver vos compositions préférées. Et ne boudez pas la laitue iceberg : elle se marie à tout et apporte une note croquante au mélange.

1 laitue moyenne
1 laitue romaine
1 poivron vert moyen (200 g)
2 petits concombres (260 g)
1 petit oignon blanc (80 g)

1 Enlevez le trognon et les plus grosses côtes des salades ; lavez les feuilles à l'eau froide, puis essorez-les bien.
2 Coupez le poivron en anneaux fins, ôtez les graines et la membrane. Tranchez le concombre non pelé en diagonale ; émincez finement l'oignon en séparant les anneaux.
3 Déchirez les feuilles de salade en morceaux de la taille d'une bouchée ; dans un grand saladier, mélangez-les avec le poivron, le concombre et l'oignon. Arrosez de la vinaigrette de votre choix.

Par portion lipides 0,4 g ; 144 kJ (sans la vinaigrette).

Effeuillez les salades.

Essorez-les.

Émincez le concombre, l'oignon et le poivron.

Vinaigrette à la française

Environ 250 ml.

Dans un pichet ou un shaker, mélangez 60 ml de vinaigre de cidre, 180 ml d'huile d'olive, 1/2 cuillerée à café de sucre et 1 cuillerée à café de moutarde. Secouez pour émulsionner.

Par portion (60 ml) lipides 43 g ; 1 605 kJ

Vinaigrette à l'italienne

Environ 250 ml.

À la recette précédente, ajoutez 2 gousses d'ail hachées, 1 cuillerée à soupe de persil, une autre de basilic, chacun finement ciselés, et environ 2 cuillerées à soupe de poivron rouge finement haché.

Par portion (60 ml) lipides 43 g ; 1 626 kJ

Les astuces du chef

- Faites vos expériences avec différents vinaigres et des huiles diverses ; vous trouverez bientôt quelle combinaison s'harmonise mieux avec une salade plutôt qu'une autre ; la roquette et le vinaigre balsamique, par exemple, sont faits l'un pour l'autre.
- Ne lavez pas plus de salade que vous n'en consommerez en un repas ; même dans les meilleures conditions de conservation, les feuilles lavées peuvent « rouiller ». Gardez le reste de votre salade bien emballé dans un film plastique, dans le bac à légumes de votre réfrigérateur.

Curry de légumes

Pour 4 personnes.

PRÉPARATION 20 MINUTES • CUISSON 20 MINUTES

En accompagnement de ce curry thaïlandais crémeux et riche en parfum, servez du riz basmati. Vous pouvez ajouter au riz 6 graines de cardamome écrasées avant de le faire cuire, cela lui donnera une saveur encore plus douce.

1 c. s. d'huile
1 gros poireau (500 g) finement émincé
2 gousses d'ail hachées
1 gros piment rouge épépiné et finement haché
90 g de pâte de curry
2 carottes moyennes (240 g) grossièrement hachées
3 branches de céleri sans les feuilles (225 g) finement émincées
400 g de pulpe de tomates en boîte
400 ml de lait de coco
250 ml de bouillon de légumes
300 g de chou-fleur en petits bouquets
1 patate douce moyenne (400 g) coupée en cubes de 3 cm
175 g de haricots longs coupés en morceaux de 4 cm
1 brin de citronnelle hachée
3 c. s. de feuilles de coriandre grossièrement hachées

1 Dans une grande casserole, faites chauffer l'huile ; faites revenir le poireau, l'ail et le piment, jusqu'à ce que le poireau soit fondant.

2 Ajoutez la pâte de curry ; et remuez sur le feu jusqu'à ce que l'odeur envahisse la cuisine. Ajoutez les carottes et le céleri ; faites cuire 5 minutes en remuant. Versez les tomates concassées et leur jus, le lait de coco et le bouillon ; portez à ébullition ; laissez frémir sans couvrir, 10 minutes.

3 Ajoutez le chou-fleur, la patate douce, les haricots et la citronnelle ; laissez frémir sans couvrir 15 minutes, jusqu'à ce que la patate douce soit cuite. Ajoutez la coriandre ; laissez frémir encore 5 minutes sans couvrir, afin que le curry épaississe.

Par portion lipides 30,6 g ; 1 863 kJ

Ajoutez la pâte de curry.

Faites cuire les légumes dans le curry.

Les astuces du chef

- Essayez d'autres pâtes de curry toutes prêtes, vertes, jaunes ou autre, en les ajoutant à la recette dans les mêmes proportions.
- Variez les légumes : germes de soja, de bambou, mini-aubergines thaïlandaises, ou petits pois apporteront d'autres parfums et consistances à ce curry.

Les fruits

Ce qu'il faut savoir…

À la place du zeste de citron, essayez le zeste d'orange, de citron vert, de mandarine, ou un mélange. Lavez soigneusement les fruits ou achetez des fruits non traités. Ne râpez pas la peau blanche, très amère.

Les pommes granny et golden tiennent bien à la cuisson.

Les cakes et autres gâteaux riches en fruits et sucre ont tendance à attacher au moule ; vous pouvez remédier à cet inconvénient en recouvrant le fond d'une feuille de papier sulfurisé.

Gâteau incroyable

Pour 6 personnes.

PRÉPARATION 15 MINUTES • CUISSON 45 MINUTES

Ce dessert est facile comme bonjour, puisqu'on mélange tous les ingrédients dans un même récipient.

4 œufs
75 g de farine
220 g de sucre en poudre
90 g de noix de coco en poudre
125 g de beurre fondu
300 ml de crème fraîche battue
180 ml de lait
1 c. s. de zeste de citron
60 ml de jus de citron

Battez les œufs.

Ajoutez la farine.

1 Préchauffez le four à température moyenne. Graissez un moule à manqué.
2 Dans un grand saladier, fouettez les œufs ; ajoutez petit à petit la farine en continuant à fouetter jusqu'à ce que le mélange soit lisse, puis les ingrédients restants. Versez le mélange dans le moule graissé.
3 Faites cuire sans couvrir à four moyen pendant 45 minutes, jusqu'à ce que le gâteau soit doré et cuit. Si vous souhaitez le servir chaud, laissez-le reposer 20 minutes dans le moule avant de le découper ; vous pouvez également le servir froid en le laissant refroidir à température ambiante ou en le mettant au réfrigérateur. Coupez le gâteau en six ; utilisez une spatule pour démouler les parts ; à l'aide d'une passoire, saupoudrez le gâteau de sucre glace et décorez avec du zeste de citron ; accompagnez, si vous le désirez, de fruits frais de votre choix.

Par portion lipides 49,8 g ; 2 813 kJ

Râpez le zeste de citron.

Versez la pâte dans le moule graissé.

Les astuces du chef

- Le gâteau incroyable se garde au réfrigérateur pendant 3 jours.
- Ce dessert s'appelle « incroyable » parce qu'avec une seule pâte liquide, on obtient un gâteau à trois couches : le fond a une texture de biscuit, grâce à la farine et au beurre qui ont coulé au fond du moule ; le centre est crémeux, et le dessus doré et croustillant de noix de coco, ingrédient le plus léger qui est remonté à la surface pendant la cuisson.

Gâteau aux pommes

Pour 8 personnes.

PRÉPARATION 25 MINUTES • CUISSON 1 HEURE

185 g de beurre en petits morceaux
2 c. c. de zeste d'orange
150 g de sucre en poudre
3 œufs
225 g de farine mélangée à un demi paquet de levure en sachet
80 ml de lait
2 pommes moyennes (300 g)
90 g de confiture d'orange chauffée et passée

1 Graissez un moule de 22 cm de diamètre ; garnissez le fond de papier sulfurisé. Préchauffez le four à température modérée.

2 Battez le beurre, le zeste et le sucre au mixer, jusqu'à ce que le mélange soit mousseux et léger. Ajoutez un à un les œufs.

3 Tamisez la moitié de la farine environ dans le mélange beurre-œufs, puis environ la moitié du lait ; mélangez à l'aide d'une cuillère en bois. Ajoutez le reste de la farine tamisée et le lait, afin que le mélange soit lisse. Versez la pâte dans le moule graissé.

4 Pelez les pommes, coupez-les en quartier et retirez le cœur. Entaillez chaque quartier dans la longueur, mais sans les découper tout à fait. Disposez les quartiers, face bombée sur le dessus, tout autour du gâteau. Faites cuire 1 heure environ à four modéré et testez la cuisson avec une lame de couteau sèche. Laissez refroidir le gâteau 5 minutes avant de le démouler sur une grille. Ôtez le papier de cuisson, retournez le gâteau sur une deuxième grille. Badigeonnez la surface de confiture d'orange chaude ; laissez refroidir avant de servir.

Par portion lipides 21,2 g ; 1 721 kJ

Suggestion de présentation Ce gâteau est délicieux accompagné de crème fraîche, de crème anglaise ou de glace.

Les astuces du chef

- Faites chauffer la confiture dans un bol ou un pichet au micro-ondes, 30 secondes environ, puis passez-la dans une passoire pour éliminer les plus gros morceaux de zeste.
- Dans les recettes de biscuits ou de gâteaux, pensez toujours à mélanger le ou les ingrédients qui donnent l'arôme avec le beurre ; ainsi, l'arôme se développera mieux à la cuisson.
- Le sucre semoule donne une texture plus fine à la pâte, mais vous pouvez également employer du sucre en poudre.
- Les gâteaux sont meilleurs au beurre, mais vous pouvez utiliser de la margarine si vous préférez.
- Nous avons utilisé des granny smith, mais les goldens sont parfaites aussi ; ces deux variétés tiennent bien à la cuisson.

Recouvrez le fond du moule de papier sulfurisé.

Battez le beurre, le zeste et le sucre afin que le mélange soit mousseux.

Tamisez la farine dans la pâte.

Tartelettes aux poires

Pour 4 personnes.

PRÉPARATION 15 MINUTES • CUISSON 1 H 35

Vous pouvez détourner cette pâtisserie typiquement française (des fruits sur une fine pâte feuilletée) en utilisant un fruit exotique d'un goût raffiné, le nashi, sorte de pomme du Japon au goût de poire. Mais ce dessert est également excellent avec des pommes, des poires ou un mélange des deux.

2 rouleaux de pâte feuilletée pré-étalée
3 poires moyennes (900 g) ou des nashi*
1/2 c. c. de zeste de citron
60 ml de jus de citron
60 ml d'eau
110 g de sucre semoule
2 c. s. de martini blanc
30 g de beurre fondu
1 c. s. de sucre roux

1 Coupez les pâtes feuilletées en deux ; disposez 2 moitiés par plaque de four légèrement graissée. Pliez les petites extrémités des tartes sur 2 cm environ, en 3 fois.

2 Sans les éplucher, découpez les fruits en tranches de 1 cm d'épaisseur. Ne vous servez pas des plus petites tranches ; il vous faut 16 tranches de la même grandeur. Préchauffez le four à température élevée.

3 Dans une grande sauteuse à fond épais, mélangez le zeste, le jus de citron, l'eau, le sucre et le martini blanc ; faites chauffer en remuant et sans faire bouillir, jusqu'à ce que le sucre soit fondu. Portez alors à ébullition et ajoutez les fruits à ce sirop, en plusieurs fois si nécessaire ; faites cuire à feu doux 10 minutes ; les fruits doivent être tendres. À l'aide d'une écumoire, retirez-les du sirop, et réservez autant de sirop que possible dans la sauteuse.

4 Disposez les tranches de fruits sur la pâte ; badigeonnez de beurre fondu et de sucre roux mélangés. Faites cuire à four chaud sans couvrir, 20 minutes environ jusqu'à ce que les tartelettes soient dorées.

5 Pendant ce temps, faites bouillir le sirop 10 minutes environ, afin de le réduire en un glaçage épais ; badigeonnez les tartelettes encore chaudes de ce glaçage.

Par portion lipides 25,3 g ; 2 453 kJ

Repliez les extrémités de la pâte.

Découpez les fruits en tranches.

Disposez les fruits cuits sur la pâte.

Badigeonnez les fruits du mélange beurre-sucre.

Faites bouillir le sirop afin de l'épaissir.

Les astuces du chef

- Toutes les tartes à la pâte feuilletée se mangent juste après la cuisson ; cependant, vous pouvez conserver ces tartelettes au réfrigérateur, bien couvertes, pendant 3 jours.
- Il n'est pas généralement nécessaire de trop graisser la plaque de cuisson, la pâte feuilletée étant déjà très grasse. Dans cette recette pourtant, le sucre qui fond à la surface des tartelettes peut les faire attacher, c'est pourquoi nous vous conseillons de graisser légèrement la plaque.
- Suivant la taille de votre sauteuse, vous devrez peut-être cuire les fruits en plusieurs fois. Les tranches de fruits doivent être disposées en une seule couche dans le sirop, autrement elles ne cuiront pas de façon égale.

Les astuces du chef

- Pour cette recette, nous vous recommandons d'utiliser un moule en aluminium.
- Les gâteaux contenant beaucoup de fruits et de sucre ont tendance à coller au moule ; recouvrez le fond du moule de papier sulfurisé afin d'éviter cet inconvénient.
- Pas besoin de tamiser la farine, ni de la tasser pour la mesurer. Contentez-vous de la verser dans votre verre mesureur et de le secouer 2 ou 3 fois avant de vérifier le niveau.
- Ce gâteau se conserve 1 semaine dans un récipient hermétique ; en climat humide, il est préférable de le mettre au réfrigérateur. La sauce se garde deux mois au réfrigérateur, dans un bocal fermé ; le froid séparera la sauce en différentes couches, mais elle redeviendra présentable quand vous la réchaufferez.

Gâteau aux dattes et sa sauce caramel

Pour 8 personnes.

PRÉPARATION 15 MINUTES • CUISSON 55 MINUTES

250 g de dattes dénoyautées
310 ml d'eau bouillante
1 c. c. de bicarbonate de soude
un peu d'huile
150 g de sucre de canne
60 g de beurre
2 œufs
150 g de farine avec levure incorporée

Sauce caramel

200 g de sucre roux
100 g de beurre en petits morceaux
300 ml de crème fraîche

1 Montez la grille de votre four de façon à pouvoir tout juste y poser un moule à gâteau haut de 20 cm de diamètre ; le gâteau doit cuire le plus près possible du centre. Préchauffez à température modérée.

2 Versez les dattes, l'eau et le bicarbonate dans le récipient de votre robot et fermez ; laissez reposer 5 minutes.

3 Graissez le fond et les bords du moule avec de l'huile ; recouvrez le fond du moule avec un rond de papier sulfurisé.

4 Ajoutez au mélange de dattes le sucre roux et le beurre en morceaux ; mixez pendant 5 secondes, jusqu'à ce que les dattes soient grossièrement hachées.

5 Ajoutez les œufs, puis la farine ; mixez pendant 5 à 10 secondes. À l'aide d'une spatule souple, remettez la farine collée sur les parois dans le mélange ; donnez à nouveau un petit coup de robot.

6 Versez la pâte dans le moule. Faites cuire 55 minutes, sans couvrir, à four modéré. Pour vérifier si le gâteau est cuit, appuyez légèrement dessus avec deux doigts ; la surface doit être ferme, et le gâteau doit s'être un peu décollé des parois du moule. Piquez le centre avec une brochette ; elle doit ressortir luisante de graisse mais sans trace de pâte. Si le gâteau nécessite un peu plus de cuisson, remettez-le 5 minutes au four. Une fois qu'il est cuit, sortez-le du four et laissez-le reposer 5 minutes.

7 Placez une grille sur le moule, et en tenant à la fois la grille et le moule, démoulez-le à l'envers. Enlevez le papier de cuisson. Placez une deuxième grille sur le gâteau et retournez-le sans trop appuyer. Servez le gâteau chaud, coupé en tranches et accompagné de sauce au caramel tiède.

Sauce caramel Faites fondre le beurre et le sucre dans une casserole moyenne à feu vif ; à l'aide d'une cuillère en bois, mélangez également la crème fraîche ; quand le beurre est fondu, portez à ébullition (pour éviter que la sauce ne déborde, baissez le feu, ou retirez un instant la casserole du feu). Remuez en permanence jusqu'à ce que la sauce soit lisse ; servez chaud.

Par portion lipides 31,7 g ; 2 523 kJ

Suggestion de présentation Vous accompagnerez ce gâteau de glace à la vanille, de crème fraîche fouettée ou nature, et de toutes sortes de fruits rouges.

Ajoutez le bicarbonate aux dattes et à l'eau.

Ajoutez le beurre et le sucre dans le mélange.

Versez la pâte dans le moule.

Variations au sirop de sucre

La première étape de la recette de base (les poires pochées) vous donnera une mesure de sirop pour les suggestions suivantes.

Oranges au sirop

Pelez à vif (ce qui signifie en enlevant également la peau blanche) 4 grosses oranges (1,2 kg) ; découpez en tranches épaisses. Ajoutez 1 cuillerée à soupe de Grand Marnier au sirop de sucre épaissi, puis les tranches d'orange. Remuez à feu doux jusqu'à ce que les tranches d'orange soient recouvertes de sirop ; servez avec de la crème fouettée.

Compote de fruits secs

Dans une mesure de sirop, ajoutez 130 g de fruits secs : poires, abricots et pêches, 100 g de dattes, de pruneaux ou de raisins secs, et 80 g de pommes sèches. Laissez cuire à feu doux en remuant jusqu'à ce que les fruits deviennent tendres. Servez chaud sur un gâteau de riz ou de semoule, ou avec de la glace ou du yaourt.

Fraises au sirop

Faites frémir une mesure de sirop de sucre avec 2 bâtons de cannelle, le zeste d'un citron et 2 cuillerées à café d'essence de menthe ou de crème de menthe ; versez sur les fraises.

Sorbet de fruits rouges

Versez 1 cuillerée à soupe d'eau de fleur d'oranger dans une mesure de sirop de sucre. Au mixer ou au robot, préparez une purée de 300 g de myrtilles, framboises ou fraises, ou encore un mélange de fruits frais ou congelés. Tout en continuant à mixer, ajoutez peu à peu le sirop. Passez le mélange pour éliminer les grains. Battez 3 blancs d'œuf en neige jusqu'à ce qu'ils forment des pointes ; ajoutez délicatement en 2 fois au mélange de fruits rouges et mélangez bien. Versez ce sorbet dans un bac à glaçons et recouvrez de papier d'aluminium. Quand le sorbet est presque pris, sortez-le du congélateur, versez dans un saladier et fouettez pour éliminer les cristaux de glace. Remettez à geler dans le même bac recouvert de papier d'aluminium pendant 1 nuit.

Poires pochées au sirop

Pour 6 personnes.

PRÉPARATION 2 MINUTES
CUISSON 15 MINUTES

550 g de sucre
625 ml d'eau
1 gousse de vanille fendue en deux
7 étoiles d'anis (badiane)
8 dattes coupées en deux
6 poires william rouges (1 kg) pelées

1. Dans une casserole moyenne, mélangez le sucre et l'eau, faites chauffer à feu vif en remuant mais sans bouillir, jusqu'à ce que le sucre soit dissout. Portez ensuite à ébullition ; laissez frémir sans remuer et sans couvrir, environ 15 minutes ; le sirop doit avoir un peu épaissi.
2. Ajoutez au sirop, la vanille, l'anis étoilé et les dattes.
3. Disposez les poires verticalement, serrées les unes contre les autres afin qu'elles restent droites. Faites pocher en laissant frémir, avec un couvercle, 20 minutes environ ; servez les poires avec le sirop.

Par portion lipides 0,2 g ; 1 192 kJ

Ôtez le sucre des parois de la casserole.

Pelez les poires avant de les pocher.

Disposez les poires bien serrées dans le sirop.

Les astuces du chef

- Vous pouvez remplacer l'eau du sirop par du jus de citron, de citron vert ou d'orange.
- Essayez d'autres épices et d'autres parfums ; vous les ajouterez à la fin de l'étape 1, quand le sirop de sucre a un peu épaissi, par exemple : 2 bâtons de cannelle ; 1 gousse de vanille et 5 clous de girofle ; 5 grains de cardamome pilés ; 1/2 cuillerée à café d'une essence de menthe, de café, de citron ou d'orange ; 2 cuillerées à soupe de liqueur genre Cointreau, crème de cassis, marsala, crème de menthe ou crème de cacao.

Le chocolat

Ce qu'il faut savoir…

Quand vous faites fondre le chocolat, veillez à ce qu'il ne soit jamais en contact avec de l'eau : il se « figerait » et ferait des grumeaux en perdant son brillant ; vous auriez alors tout à recommencer. Pour cette raison, ne couvrez jamais la casserole, la condensation qui se forme dans le couvercle mouillerait le chocolat.

Dans le cas où vous faites fondre le chocolat au bain-marie, le récipient contenant le chocolat ne doit pas tremper dans l'eau bouillante, mais être retenu légèrement au-dessus ; la chaleur de l'eau brûlerait le chocolat.

Ne faites pas fondre le chocolat dans un récipient en plastique, très mauvais conducteur de chaleur. Le meilleur moyen consiste à placer le chocolat dans un récipient spécial microndes, et de le faire fondre à température maximale pendant 30 secondes ; retirez-le immédiatement.

Mousse au chocolat

Pour 4 personnes.

PRÉPARATION 5 MINUTES • CUISSON 5 MINUTES

Faites fondre le chocolat avec la moitié de la crème fraîche.

Incorporez les blancs en neige.

200 g de chocolat noir
300 ml de crème fouettée
3 œufs
2 c. s. de sucre semoule

1 Réservez un morceau de chocolat d'environ 25 g pour la décoration des coupes.

2 Coupez le chocolat en petits morceaux, ajoutez-les à la moitié de la crème dans un grand saladier. Placez celui-ci au-dessus d'une casserole d'eau frémissante ; remuez jusqu'à ce que le chocolat soit fondu. Laissez refroidir 5 minutes, puis ajoutez les jaunes d'œuf un par un.

3 Dans un petit saladier, battez les œufs en neige, au mixer à grande vitesse jusqu'à ce qu'ils forment des pointes ; ajoutez le sucre, et battez jusqu'à ce qu'il soit dissout.

4 Incorporez délicatement les blancs en neige en deux fois dans le mélange crème-chocolat ; versez la mousse dans 4 coupes de 160 ml. Laissez reposer au réfrigérateur quelques heures ou toute 1 nuit.

5 Battez le restant de crème fraîche jusqu'à ce qu'elle forme des pointes. À l'aide d'un épluche-légumes, râpez le chocolat en copeaux. Servez les coupes de mousse garnies de crème fouettée et de copeaux de chocolat.

Par portion lipides 45,8 g ; 2 541 kJ

Les astuces du chef

- Travaillez rapidement les jaunes d'œuf avec le chocolat encore chaud, afin d'éviter que les œufs ne « cuisent ».
- Ne battez pas trop les blancs en neige : il faut qu'ils soient juste luisants et en pointes douces ; autrement, ils seront trop « secs » et vous aurez du mal à les incorporer au chocolat. Veillez à mélanger délicatement les blancs en neige au chocolat encore tiède en vous servant d'une spatule souple.

L'ASTUCE DU CHEF

Les brownies peuvent avoir une texture légère comme un gâteau au chocolat, dense et fondante, ou moelleuse et tendre, suivant les proportions de chocolat et de beurre par rapport à la farine. Cette recette donne un brownie à la fois fondant et léger. Réduisez le temps de cuisson de 10 minutes si vous préférez une consistance plus moelleuse.

Brownies

Pour 12 personnes.

PRÉPARATION 20 MINUTES • CUISSON 45 MINUTES

Les brownies, douceur américaine par excellence, auraient été inventés il y a plus d'un siècle, quand une ménagère de la Nouvelle-Angleterre oublia de mettre de la levure dans son gâteau au chocolat. Depuis, les fans de chocolat du monde entier se régalent de cet accident !

110 g de noix de pécan
150 g de beurre
300 g de chocolat cassé en gros morceaux
300 g de sucre roux
3 œufs
1 c. c. d'essence de vanille
110 g de farine
140 g de pépites de chocolat
125 g de crème fraîche
1 c. s. de cacao

1 Préchauffez le four à température modérée. Recouvrez le fond et les bords d'un moule de 19 x 29 cm de papier sulfurisé.

2 Faites griller les noix 5 minutes à four moyen ; retournez et faites-les griller encore 5 minutes jusqu'à ce qu'elles soient dorées. Hachez-les grossièrement.

3 Faites fondre le beurre dans une casserole moyenne, ajoutez le chocolat ; faites fondre en remuant à feu doux jusqu'à ce que le mélange soit lisse et sans faire bouillir. Ajoutez le sucre, puis transvasez le mélange dans un grand saladier ; laissez tiédir.

4 Ajoutez les œufs un par un, puis l'essence de vanille, la farine, les pépites de chocolat, la crème fraîche et les noix de pécan. Étalez la pâte dans le moule ; faites cuire sans couvrir à four doux, environ 40 minutes. Recouvrez le moule d'un papier d'aluminium et laissez cuire encore 20 minutes.

5 Laissez refroidir les brownies dans le moule ; retournez sur une grille, ôtez le papier de cuisson et saupoudrez de cacao. Découpez en carrés avant de servir.

Par portion lipides 33,5 g ; 1 897 kJ

Suggestion de présentation
Les brownies sont délicieux tièdes accompagnés d'une boule de glace à la vanille qui fond à leur contact ; ou bien froids, avec un verre de lait glacé. Parfaits pour un goûter de fête ou à emporter.

Mélangez le sucre roux au chocolat.

Ajoutez les pépites de chocolat et les noix à la pâte.

Gâteau au chocolat et son coulis de framboises

Pour 8 personnes.

PRÉPARATION 20 MINUTES • CUISSON 1 H 50

250 g de beurre
1 c. s. de café soluble
375 ml d'eau chaude
440 g de sucre roux
200 g de chocolat noir cassé en gros morceaux
225 g de farine avec levure incorporée
150 g de farine
25 g de cacao
2 œufs
2 c. c. d'essence de vanille
150 g de framboises fraîches ou surgelées
2 c. s. de cacao pour le décor

Versez la pâte dans le moule.

Retournez le gâteau entre 2 grilles.

Passez les framboises.

1 Préchauffez votre four à basse température. Graissez un moule rond de 22 cm de diamètre ; recouvrez le fond et les parois de papier sulfurisé.

2 Faites fondre le beurre dans une casserole moyenne ; mélangez le café à l'eau chaude, et ajoutez au beurre en même temps que le sucre et le chocolat. Remuez à feu doux sans faire bouillir, jusqu'à ce que le mélange soit lisse. Transvasez dans un grand saladier ; laissez tiédir.

3 À l'aide d'un batteur électrique à vitesse lente, battez le mélange de chocolat, et ajoutez en trois fois les ingrédients secs en les tamisant. Ajoutez les œufs un à un, puis l'extrait de vanille. Versez la pâte dans le moule ; faites cuire sans couvrir à four bas pendant 1 h 45. Laissez refroidir le gâteau 15 minutes ; retournez sur une grille.

4 Pendant ce temps, passez les framboises afin d'enlever les graines.

5 À l'aide d'une petite passoire, saupoudrez le gâteau de cacao ; servez accompagné de coulis, et de crème fraîche si vous le souhaitez.

Par portion lipides 35,5 g ; 3 288 kJ

Les astuces du chef

- Ce gâteau est fragile, vous ne pouvez pas le retourner à la main ; utilisez pour cela 2 grilles. Dans la manœuvre, veillez à ne pas écraser le gâteau !
- Le gâteau est cuit quand il se détache légèrement des parois du moule ; il est un peu ferme au toucher ; un couteau enfoncé au centre ressort propre.
- Ce gâteau se conserve jusqu'à 5 jours, à condition de le mettre dans une boîte hermetique, une fois qu'il est à température ambiante. Si le temps est humide, placez la boîte au réfrigérateur.

Préparez votre bouillon…

Ces recettes sont réalisables 4 jours à l'avance ; vous conserverez le bouillon couvert au réfrigérateur. Enlevez la graisse qui s'est figée à la surface après une nuit au réfrigérateur. Vous pouvez également congeler le bouillon en petites quantités. Toutes ces recettes donnent environ 2,5 l de bouillon.

Bouillon de bœuf

2 kg d'os de bœuf avec de la viande dessus
2 oignons (300 g) hachés
2 branches de céleri hachées
2 carottes moyennes (250 g) hachées
3 feuilles de laurier
2 c. c. de poivre noir en grains
5 l d'eau

Versez tous les ingrédients dans une grande casserole et laissez frémir 2 heures sans couvrir ; passez le bouillon.

Bouillon de légumes

2 grosses carottes (360 g) hachées
2 gros navets (360 g) hachés
4 oignons (600 g) hachés
12 branches de céleri hachées
4 feuilles de laurier
2 c. s. de poivre noir en grains
6 l d'eau

Versez tous les ingrédients dans une grande casserole et laissez frémir 2 heures sans couvrir ; passez le bouillon.

Glossaire

Amidon de maïs
S'utilise comme épaississant.

Anis étoilé
Séché, en forme d'étoile au goût prononcé d'anis. Sert en infusion, dans les desserts, ou les tisanes. Également appelé badiane.

Artichauts (cœur)
Centre de l'artichaut qui est la partie la plus tendre. On peut utiliser des cœurs d'artichauts frais ou les acheter en boîte ou en saumure dans des bocaux.

Badiane
Voir Anis étoilé.

Bok choy
Aussi connu sous le nom de chou blanc chinois, comparable aux blettes. Ce légume a un goût frais, légèrement moutardé. Excellent sauté ou braisé. Les pousses de bok choy sont plus tendres et plus délicates.

Bouillon cube
Un cube suffit pour obtenir 250 ml de bouillon.

Cabillaud (morue fraîche)
On peut y substituer toute tranche de poisson blanc épaisse et ferme.

Cajun (assaisonnement)
On le trouve tout fait dans les magasins d'alimentation américaine ; il comprend du paprika, du basilic, de l'oignon, du fenouil, du thym, du piment de Cayenne et de l'estragon.

Carambole
Fruit tropical au goût acidulé, qui donne des tranches en forme d'étoiles.

Chapelure
Poudre élaborée avec du pain vieux d'un ou deux jours réduit en miettes. On trouve de la chapelure toute prête dans le commerce.

Chou chinois
Également connu sous le nom de chou de Pékin. Ressemble un peu à une romaine, mais son goût est plus proche du chou vert.

Choy sum
Légume chinois à grandes feuilles.

Cinq-épices
Mélange parfumé de cannelle, clous de girofle, d'anis étoilé, de poivre du Sichuan et de fenouil. En poudre.

Citronnelle
Herbe longue, touffue, au goût et à l'odeur de citron. On hache l'extrémité blanche des tiges. Utilisée dans de nombreuses recettes asiatiques, ainsi qu'en tisane.

Coco
Crème Disponible en boîte ou en berlingot. En général, on compte 4 mesures de coco pour 1 mesure d'eau.

Lait Lait de coco pur, non sucré. Existe en boîte et en berlingot. 2 mesures de lait pour 1 mesure d'eau.

Coriandre
Aussi appelée persil arabe ou chinois, car on la trouve beaucoup dans la cuisine nord-africaine et asiatique ; on utilise les feuilles, les racines, ou les graines, qui n'ont pas du tout le même goût.

Couscous
Céréale en grains fins, originaire d'Afrique du Nord. Confectionnée avec de la semoule roulée en boules.

Épinards chinois
Légume à grandes feuilles vertes que l'on trouve dans les boutiques asiatiques.

Fruit de la passion
Fruit tropical ; vous pouvez vous servir du jus pour « lier » vos salades de fruits.

Garam salam
Mélange d'épices originaires du nord de l'Inde. Inclut généralement de la cardamome, de la cannelle, des clous de girofle, de la coriandre, du fenouil et du cumin, grillés et moulus ensemble. Les proportions varient selon les préparations. On ajoute parfois du poivre noir et du chili pour relever le goût.

Ghee
Beurre clarifié (Inde).

Gingembre
Racine aux formes tortueuses d'une plante tropicale. Peut se conserver pelé et couvert de xérès sec dans un bocal au réfrigérateur ou congelé dans un récipient hermétiquement fermé.

Huile
Arachide À base de cacahuètes moulues. C'est la plus utilisée dans la cuisine asiatique parce qu'elle chauffe sans fumée.

Olive Celles de meilleure qualité sont vierges ou extra-vierges et proviennent du premier pressage de la récolte. Excellentes dans les salades et comme ingrédient. Les « légères » ont moins de goût, mais contiennent tout autant de calories.

Sésame À base de graines de sésame rôties et pilées. Sert plus à parfumer qu'à cuisiner.

Végétale À base de plantes et non de graisses animales.

Kaffir (citronnier)
Originaires d'Afrique du Sud et de l'Asie du Sud-Est. Petit citronnier qui donne des fruits jaune-vert à l'écorce ridée. On utilise essentiellement ses feuilles, très aromatiques. Utilisées fraîches ou sèches dans de nombreux plats asiatiques.

Laksa
Pâte de laksa Pâte très relevée, que l'on trouve en bouteille, faite à base de citronnelle, piments, gingembre, pâte de crevettes, oignon et curcuma.

Soupe laksa Soupe épicée aux nouilles et poulet ou fruits de mer et lait de noix de coco.

Menthe vietnamienne
Aussi connue sous le nom de feuilles laksa.

Mesclun
Assortiment de diverses salades et jeunes pousses.

Mirin
Vin de riz doux, peu alcoolisé, utilisé dans la cuisine japonaise. À ne pas confondre avec le saké, qui se boit.

Nashi
Fruit du Japon qui a la forme d'une pomme, la consistance et la saveur d'une poire. On peut le remplacer par l'un ou l'autre de ces fruits.

Nouilles
Aux œufs frais À base de farine de blé et d'œufs. Il en existe toute une variété.

Au riz, fraîches Larges, épaisses, presque blanches. À base de riz et d'huile végétale. Doivent être couvertes d'eau bouillante pour éliminer l'amidon et l'excédent de graisse. Utilisées dans les soupes ou sautées.

De soja Blanches, vendues sous forme de petits paquets ficelés dans les épiceries asiatiques. À consommer dans les soupes, les salades, ou sautées avec des légumes.

Hokkien Nouilles de blé fraîches ressemblant à un épais spaghetti brun-jaune. Doivent être précuites.

Instantanées Cuisent en deux minutes. Se vendent en petits paquets avec un sachet d'assaisonnement.

Soba Nouilles japonaises fines à base de sarrasin.

Vermicelles de riz À base de riz moulu. Les consommer soit frites, soit sautées après les avoir fait tremper ou bien dans une soupe.

Nuoc mâm
Sauce à base de poisson fermenté salé réduit en poudre - généralement des anchois. Très odorante, elle a un goût très marqué. Il en existe des plus ou moins fortes.

Oignon
De printemps Bulbe blanc, relativement doux aux longues feuilles vertes et croustillantes.

Rouges Également appelés oignons espagnols. Plus doux que les blancs ou les jaunes, ils sont délicieux crus dans les salades.

Pancetta
Sorte de saucisson italien comparable à la coppa. S'utilise hachée dans les plats cuisinés pour en relever le goût. On peut la remplacer par du bacon.

Pépinos
Petits concombres.

Piments
Il en existe toutes sortes de variétés, tant frais que sec. Mettez des gants en caoutchouc quand vous les épépinez et les coupez, car ils peuvent brûler la peau. En enlevant graines et membranes, vous les rendrez moins forts.

Pois chiches
Légume rond irrégulier, couleur sable. Très courant dans la cuisine espagnole et méditerranéenne.

Poivre du Sichuan
À petits grains brun-rouge et au goût citronné.

Poivrons
Selon qu'ils soient rouges, verts, jaunes ou violet foncé, ils n'ont pas le même goût. Veillez à retirer les graines et les membranes avant de les cuisiner.

Porc chinois au barbecue
Traditionnellement cuit dans des fours spéciaux. La viande est enrobée d'une sauce sucrée et gluante à base de sauce de soja, de cinq-épices et de sauce hoisin. Vous en trouverez tout fait dans les magasins d'alimentation exotique.

Prosciutto
Jambon italien salé, mis en saumure et séché à l'air (non fumé).

Riz
Arborio Riz à grains ronds qui absorbe bien le liquide, et donc idéal pour le risotto.

Riz au jasmin Riz à longs grains très aromatique.

Feuilles de riz Faites avec de la pâte de riz. On les plonge dans l'eau chaude pour en envelopper divers ingrédients, comme dans les rouleaux de printemps, et les consommer.

Roquette
Type de salade au goût poivré prononcé.

Sambal oelek
Condiment fort, d'origine indonésienne, fait de piments broyés, de sel, de vinaigre et de diverses épices.

Sauces
Sauce aux prunes Sauce épaisse, légèrement acidulée et douce, à base de prunes, de vinaigre, de sucre, de piment et d'épices.

Sauce d'huître Préparée avec de la sauce de soja, des huîtres, du sel.

Sauce de soja À base de haricots de soja fermentés.

Sauce tandoori À base d'ail, de tamarin, de gingembre, coriandre, piments et épices.

Sirop d'érable
Sève distillée de l'érable. Il en existe une variété à base de sucre de canne et d'une essence artificielle qui ne saurait se substituer au vrai.

Sucre
Dans les recettes, nous avons utilisé du sucre blanc cristallisé, sauf mention contraire.

Roux Appelé aussi cassonade ; un sucre doux et fin, pas complètement raffiné.

Semoule Blanc et plus fin que le sucre cristallisé ; permet des mélanges plus fins en pâtisserie.

De palme Sucre brun foncé à base d'un jus provenant de la fleur de cocotier. Vendu en blocs durs dans les épiceries asiatiques. Cassez la quantité nécessaire et écrasez. On peut le remplacer par du sucre roux.

Tabasco
Nom de marque d'une sauce très forte, à base de vinaigre, de piments rouges et de sel.

Tahini
Pâte riche à base de graines de sésame broyées. Sert à la confection de l'houmous et des sauces du Moyen-Orient.

Tamarin
Fruit du tamarinier. Vendu sous la forme d'une pâte épaisse, violet foncé, prête à l'emploi. Donne aux plats un goût acidulé.

Tat soï
Chou chinois plat, plus tendre que le bok choy.

Tofu
Pâté de soja. Blanc cassé, ressemble un peu à du lait caillé. On trouve du tofu dans les épiceries exotiques et au rayon diététique.

Vin de gingembre vert
Alcool de gingembre qui titre à 14 ° et a le goût du gingembre. Vous pouvez le remplacer par du vermouth blanc ou la même quantité de sirop de gingembre en bocal.

Vinaigre
Balsamique Authentique seulement s'il provient de Modena, en Italie.

Framboise (vinaigre de) À partir de framboises distillées dans du vinaigre de vin blanc.

Riz (vinaigre de) À partir de riz fermenté additionné de sucre et de sel.

Wasabi
Poudre de raifort verte entrant dans la composition de la sauce accompagnant traditionnellement les poissons crus japonais. Vendue en tube. Coûteuse. On peut y substituer du raifort.

Wonton
Petits ronds de pâte servant à préparer les wontons. On peut y substituer des feuilles de riz pour rouleaux de printemps ou pâtés impériaux.

Index

• MARABOUT CHEF •

Traduit et adapté de l'anglais par :
Valérie Morlot

Packaging :
Domino

Relecture :
Aliénor Lauer

Marabout
43, quai de Grenelle – 75905 Paris Cedex 15

Publié pour la première fois en Australie
en 1999 sous le titre :
Beginners

Dépôt légal : 59922 / mai 2005
ISBN : 2501034767 - édition 08
40.3147.2

Imprimé en Espagne par
Gráficas Estella